From the Treasures of Arabic Morphology

An English Translation of

من كنوز الصرف

Maulana Ebrahim Muhammad

HA-MEEM PUBLICATIONS

 www.hameemstore.com

 @hameemstore

✉ orders@hameemstore.com

🔊 +1 (416) 879-2545

First Authorized Edition 2023

Copyright © 2006 Madrasah In'āmiyyah

بسم الله الرحمن الرحيم

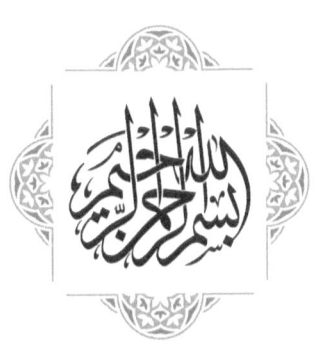

Contents

بسم الله الرحمن الرحيم

Introduction

Arabic Morphology (علــم الصــرف) is a branch of Arabic Grammar dealing with word-forms and patterns. It is highly essential for the incumbent student of Arabic to learn this science in order to be proficient in the language. Acquiring an understanding of word patterns is of prime importance in learning the language.

This is a comprehensive book dealing with all the important aspects of the subject. If a student has to study this book thoroughly, he would develop a very good foundation in this science and it would absolve him of the need to study any further books on the subject.

The Arabic names of morphologic terms have been adopted instead of the Urdu forms commonly found in the text books of Islamic seminaries. Thus I have used the term (عين الكلمة) instead of (عــين كلمـة). Similarly, instead of writing (حركـت), the correct Arabic form of (حركـة) has been used while the term (الماضــي) is used instead of (ماضــي) which is incorrect. This will enable the student to learn the correct Arabic terms from the initial stages of his learning.

Included also is a collection of rules of word-changes which affect many Arabic verbs and nouns. The rules have been clearly explained with examples and a step by step

10

method as to how a word is changed from its original form to its present one.

It is hoped that this book will be beneficial for the students of Arabic Grammar and Morphology and simplify the path to understanding the intricacies of the language. Āmīn.

For a detailed discussion on the name of this subject, whether it is called Morphology or Etymology, refer to Appendix A at the end of this book.

Some Useful Terms

Conjugation: A paradigm, class, or table of verb forms in such inflected languages as Latin and French, where elements are distinguished from each other by patterns of inflection relating to tense, person, number.[1]

Declension: A term used to describe the case system of nouns and other words.[2]

Inflection: The variation or change of form that words undergo to mark distinctions of case, gender, number, tense, person, mood, voice, comparison.[3]

Linguistics and **Philology**: The study of language.

Paradigm: pronounced (pa-ra-dime), in grammar, a set of all the (especially inflected) forms of a word (write, writes, wrote, writing, written), especially when used as a model for all other words of the same type.[4]

---

[1] The Oxford Companion to the English Language, p. 256, 1992.
[2] Ibid, p. 281.
[3] Websters Third New International Dictionary, vol. 2, p. 1160.
[4] The Oxford Companion to the English Language, p. 747, 1992.

Arabic Terms

The following are some of the Arabic terms used frequently in this book. It would be advisable to learn them thoroughly as they are frequently used throughout the book.

Term	Meaning
فتحة	A diacritical point ﹷ denoting the sound of 'a'.
ضمة	A diacritical point - ﹹ denoting the sound of 'u'.
كسرة	A diacritical point - ﹻ denoting the sound of 'i'.
سكون ، جزم	A diacritical point - ﹿ that serves the purpose of joining two letters in pronunciation
مفتوح	A letter having a fat<u>h</u>ah, e.g. (فَ)
مضموم	A letter having a <u>d</u>ammah, e.g. (ضُ)
مكسور	A letter having a kasrah, e.g. (كِ)
ساكن ، مجزوم	A letter having a sukûn or jazm, e.g. (سْ)
حركة	The three diacritical points, fat<u>h</u>ah <u>d</u>ammah and kasrah are each called a harakah
متحرك	A letter having a harakah, e.g. (فَ)

12

فاء الكلمة	The first root letter of a word, also referred to as consonant or radical, e.g. the (ف) of (فَتَحَ)
عين الكلمة	The second root letter of a word, e.g. the (ت) of (فَتَحَ)
لام الكلمة	The third root letter of a word, e.g. the (ح) of (فَتَحَ)
صيغة	Word-form denoting the number, gender and mood of the verb
أبواب	(أبواب) is the plural of (باب) which refers to a category of verbs belonging to one class. The first verb of the perfect tense (الماضي) and the imperfect tense (المضارع), are used to indicate the diacritical points of the alphabets of the verbs.

The Types of Words

Term	Meaning	Example
كَلِمَةٌ	word	كِتَابٌ
اِسْمٌ	noun	رَجُلٌ
فِعْلٌ	verb	فَعَلَ
حَرْفٌ	particle – it is dependent on either an (اسم) or (فعل) in conveying its meaning	مِنْ

With regards to meaning and tense, a verb is of three types:

Term	Meaning	Example
الماضي	Indicates the occurrence of an action in the past tense. It is referred to as the perfect tense in English.	فَعَلَ – He did.
المضارع	Indicates the occurrence of an action in the present or future tense. It is referred to as the imperfect tense in English.	يَفْعَلُ - He is doing or he will do.
الأمر	a command	اِفْعَلْ – You do.

Transitive and Intransitive Verbs

Term	Meaning	Example
اللازم	Intransitive – does not require an object	يَمْشِي - He is walking.
المتعدي	Transitive - requires an object	يَفْتَحُ الْبَابَ – He is opening the door.

Positive and Negative

Term	Meaning	Example
إثبات	positive	يَفْعَلُ – He is doing.
نفي	negative	لاَ يَفْعَلُ – He is not doing.

The terms (مثبت) and (منفي) are also used.

Active and Passive

Term	Meaning	Example
معروف	active tense – the doer of the action is known	يَفْعَلُ – He is doing.
مجهول	passive tense – the doer of the action is not known	يُفْعَلُ – It is being done.

The Second Category of Verbs

With regard to the root letters (الحروف الأصلية) of a verb, they are of two types:

Term	Meaning	Example
ثلاثي	3 root letters or triliteral	نَصَرَ
رباعي	4 root letters or quadriliteral	بَعْثَرَ

Each of these two types is further divided into two categories:

(1) (مجرد) – the (الماضي) consists of root letters only, without any extra letters.

(2) (مزيد فيه) - the (الماضي) has root letters plus extra letters.

This results in the following four categories:

Term	Meaning	Example
ثلاثي مجرد	3 root letters only	نَصَرَ
ثلاثي مزيد فيه	3 root letters plus extra letters	اِجْتَنَبَ
رباعي مجرد	4 root letters only	بَعْثَرَ
رباعي مزيد فيه	4 root letters plus extra letters	تَسَرْبَلَ

Exercise 1

(1) Determine whether the following verbs have 3 root-letters or 4 root-letters.

(a) أَكَلَ

(b) دَحْرَجَ

(c) خَرَجَ

(d) زَعْفَرَ

(e) قَنْطَرَ

(2) What do the following terms mean:

Term	Meaning
الماضي	
المضارع	
الأمر	
ثلاثي	
رباعي	
مجرد	
مزيد فيه	

Types of Nouns

(1) There are three types of nouns - (اسماء):

[a] مصدر , [b] مشتق and [c] جامد .

(2) The (مصـــدر – verbal noun) is a word that indicates the occurrence of an action and is free of tense e.g. (اَلنَّصْـــرُ) – to assist.

(3) The (مشـــتق) is a word derived from a verb e.g. (نَاصِـــرٌ) – helper is derived from (نَصَرَ).

(4) The (جامـــد) is neither a (مصـــدر) nor a (مشـــتق) e.g. (رَجُلٌ) – man.

(5) The (مصـــدر) and the (مشـــتق) also fall under the categories of (ثلاثي), (ربـــاعي), (مجـــرد) and (مزيـــد فيـــه) like the (فعــل). The categories mentioned under the verb like (صحيح) etc. also apply to an (اسم).

(6) The noun (جامـــد) with regard to its letters can either have three root letters (triliteral), four root letters (quadriliteral) or five root letters (quinquiliteral). It is therefore of six types:

[1] (ثلاثي مجرد) e.g. (رَجُلٌ) – a man

[2] (ثلاثي مزيد فيه) e.g. (حِمَارٌ) – a donkey

[3] (رباعي مجرد) e.g. (عَقْرَبٌ) – scorpion

[4] (رباعي مزيد فيه) e.g. (قِرْطَاسٌ) - paper

[5] (خماسي مجرد) e.g. (سَفَرْجَلٌ) - quince

[6] (خماسي مزيد فيه) e.g. (عَنْكَبُوْتٌ) – a
spider

(7) The scholars of morphology generally deal with the
(فعـــل) because most of the changes (تصـــريفات) occur in a
(فعـــل) while few changes occur in an (اســـم) and none occur
in a (حرف).

The Scales of Verbs

The Arabic verb is constructed from a root which usually consists of three letters called consonants or radicals. These consonants form a kind of skeleton which constitutes the verb-stem to which prefixes and suffixes may be added.

Arabic verbs are mostly triliteral, that is, they are constructed of three root letters. The simplest form of the verb is the third person masculine singular of the perfect tense (واحد مذكر غائب من الفعل الماضي). In most dictionaries, all the words derived from a triliteral root are entered under the third person masculine singular form of the verb.

In Arabic, there are two main tenses, the perfect or past tense (الماضي), denoting actions completed at the time to which reference is made; and the imperfect (المضارع), for incompleted actions, referring to the present or future tenses. The present and future tenses are thus expressed by the imperfect form (المضارع). The imperative (الأمر) may be considered a modification of the imperfect.

To indicate patterns or type-forms of verbs, the grammarians use the three letters of the verb (فَعَلَ), where the (ف) represents the first radical of the verb, the (ع) represents the second radical of the verb and the (ل) represents the third radical of the verb. This is the scale

(مِيْزَان) or standard by which the root letters of a verb are determined. Accordingly, the word (كَتَبَ) is on the scale of (فَعَلَ), (يَكْتُبُ) is on the scale of (يَفْعُلُ) and (أَكْتُبُ) is on the scale of (أَفْعُلُ).

The letter that corresponds to the (ف) of the (ميزان) is called the (فَاءُ الْكَلِمَةِ), that which corresponds to the (ع) is called the (عَيْنُ الْكَلِمَةِ) while the letter corresponding to the (ل) is called the (لَامُ الْكَلِمَةِ).

Example: the word (كَتَبَ) is on the scale of (فَعَلَ):

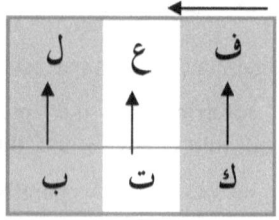

Exercise 2

(1) Determine the scales of the following verbs and what each letter represents. The first one has been done for you.

(a) (نَصَرَ)

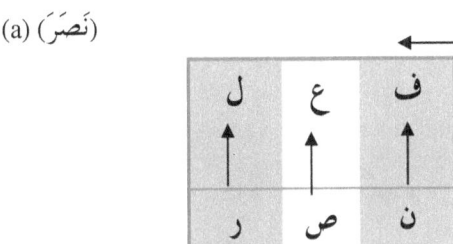

The (ن) is the (فاء الكلمة), the (ص) is the (عـــين الكلمـــة), the (ر) is the (لاَمُ الكلمة).

(b)   (إِسْمَعْ)

(c)   (تَفْتَحُ)

(d)   (نَضْرِبُ)

(e)   (يَجْعَلُ)

(f)   (كَرُمَ)

(g)   (يَحْسِبُ)

(h)   (يَذْهَبُ)

(i)   (سَأَلَ)

(j)   (سَرَقَ)

The Categories of Triliteral Verbs

(أبواب الثلاثي المجرد)

(1) The first and third letters of a simple triliteral verb in the active tense is always vowelled with a fathah (فتحة). The second letter or radical may be vowelled by a (فتحة), (ضمة) or (كسرة). The active perfect tense (الفعل الماضي المعروف) of triliteral verbs (ثلاثي مجرد) is used on three scales:

[a] فَعَلَ e.g. (فَتَحَ)

[b] فَعِلَ e.g. (سَمِعَ)

[c] فَعُلَ e.g. (كَرُمَ)

(2) The conjugation of the (فَعِلَ) and (فَعُلَ) forms is similar to the conjugation of (فَعَلَ).

(3) The imperfect tense (مضارع معروف) of (فَعَلَ) is sometimes (يَفْعَلُ) e.g. (فَتَحَ يَفْتَحُ) and sometimes (يَفْعُلُ) e.g. (نَصَرَ يَنْصُرُ) and sometimes (يَفْعِلُ) e.g. (ضَرَبَ يَضْرِبُ).

(4) The conjugation of the (يَفْعُلُ) and (يَفْعِلُ) is similar to the conjugation of (يَفْعَلُ).

(5) The (مضارع معــــروف) of (فَعِـــلَ) is sometimes (يَفْعَـــلُ) e.g. (سَمِعَ يَسْمَعُ) and sometimes (يَفْعِلُ) e.g. (حَسِبَ يَحْسِبُ).

(6) The (مضـــارع معــــروف) of (فَعُـــلَ) is only (يَفْعُـــلُ) e.g. (كَرُمَ يَكْرُمُ).

(7) The (الماضي المجهول) of all three scales is (فُعِلَ).

(8) The (مضارع مجهول) of all three scales is (يُفْعَلُ).

(9) Based on the above-mentioned facts, there are six categories (أبواب) of (ثلاثي مجرد) which are as follows:

(1)(نَصَرَ يَنْصُرُ)

(2) (ضَرَبَ يَضْرِبُ)

(3) (فَتَحَ يَفْتَحُ)

(4) (سَمِعَ يَسْمَعُ)

(5) (كَرُمَ يَكْرُمُ)

(6) (حَسِبَ يَحْسِبُ)

(10) There is no rule to specify which verb belongs to which category (بـــاب). It is based on (سمـــاع) – as heard from the Arabs. One can also ascertain which category a verb belongs to from a dictionary. There are however certain guidelines which are as follows:

[a] If the verb belongs to the category of (فَـــتَحَ

(يَفْـــتَحُ) the second or third letter will be from the (حـــروف

حلقية)⁵, e.g. (ذَهَبَ يَذْهَبُ), (سَأَلَ يَسْأَلُ), (جَمَعَ يَجْمَعُ).

[b] If the perfect (الفعـــل الماضـــي) is of the form

(فَعِــلَ), the imperfect (الفعـــل المضـــارع) is generally from the

category of (سَمِعَ يَسْمَعُ).

[c] If the perfect (الفعل الماضـــي) is of the form (فَعُـــلَ),

the imperfect (الفعـــل المضـــارع) is generally from the

category of (كَرُمَ يَكْرُمُ).

Exercise 3

To which category (بـــاب) does each of the following verb

belong:

(1) (بَعَثَ يَبْعَثُ)

(2) (تَرَكَ يَتْرُكُ)

(3) (فَهِمَ يَفْهَمُ)

(4) (طَلَبَ يَطْلُبُ)

(5) (سَرَقَ يَسْرِقُ)

---

⁵ The (حروف حلقية) are the following six letters:

(ء، ه، ع، ح، غ، خ).

The Perfect Active Tense (الماضي المعروف)

(1) There are 14 word-forms (صيغة) of the perfect tense (الفعل الماضي). All three diacritical points or vowels (حركات) can be used on the (عين الكلمة) as is apparent from the above-mentioned six categories (أبواب).

(2) The Arab Grammarians usually begin the Perfect (الفعل الماضي) and Imperfect (الفعل المضارع) conjugations with the third person (غائب), followed by the second person (مخاطب) and finally the first person (متكلم).

(3) Unlike English, Arabic also has a dual form for the second and third persons. As for the first person, the plural form is used for both the dual and plural.

(4) Hereunder follow the paradigms of the perfect tense. Note that the first three froms are for the masculine while the second three are for the feminine of the third person. The following six forms are for the second person, the first three being for the masculine and the second three for the feminine. The final two forms are for the first person.

الفعل الماضي المعروف المثبت

الصيغة (Word-form)	Verb
واحد مذكر غائب	فَعَلَ
تثنية مذكر غائب	فَعَلَا
جمع مذكر غائب	فَعَلُوْا
واحد مؤنث غائب	فَعَلَتْ
تثنية مؤنث غائب	فَعَلَتَا
جمع مؤنث غائب	فَعَلْنَ
واحد مذكر حاضر	فَعَلْتَ
تثنية مذكر حاضر	فَعَلْتُمَا
جمع مذكر حاضر	فَعَلْتُمْ
واحد مؤنث حاضر	فَعَلْتِ
تثنية مؤنث حاضر	فَعَلْتُمَا
جمع مؤنث حاضر	فَعَلْتُنَّ
واحد متكلم	فَعَلْتُ
جمع متكلم	فَعَلْنَا

Exercise 4

Conjugate the following verbs in the perfect tense (الماضــي

المعروف) in table form :

 (a) (غَلَبَ يَغْلِبُ)

 (b) (نَجَحَ يَنْجَحُ)

 (c) (قَتَلَ يَقْتُلُ)

 (d) (بَعَثَ يَبْعَثُ)

 (e) (دَخَلَ يَدْخُلُ)

 (f) (كَتَبَ يَكْتُبُ)

 (g) (عَلِمَ يَعْلَمُ)

 (h) (نَعِمَ يَنْعِمُ)

 (i) (جَحَدَ يَجْحَدُ)

 (j) (قَبِلَ يَقْبَلُ)

The Perfect Passive (الماضي المجهول)

The (الماضي المجهول) is constructed from the (الماضي المعروف) in all triliteral verbs (ثلاثي مجرد). If we take the first verb, namely the third person singular form, (فَعَلَ), a (ضمة) is rendered to the first letter, a (كسرة) is rendered to the second letter while the third letter remains in its original condition. The result is (فُعِلَ). No matter what the (حركة) of the second letter in the active tense is, in the passive tense it will always be (مكسور). Examples:

Active – (معروف)	Passive – (مجهول)
نَصَرَ	نُصِرَ
سَمِعَ	سُمِعَ
كَرُمَ	كُرِمَ

Note that the intransitive verbs can be used in the passive tense if they are used with a particle (حرف), e.g.

(ذُهِبَ بِهِ) – It was taken.

الفعل الماضي المجهول المثبت

Word-form	Verb
singular masculine 3rd person	فُعِلَ
dual masculine 3rd person	فُعِلَا
plural masculine 3rd person	فُعِلُوْا
singular feminine 3rd person	فُعِلَتْ
dual feminine 3rd person	فُعِلَتَا
plural feminine 3rd person	فُعِلْنَ
singular masculine 2nd person	فُعِلْتَ
dual masculine 2nd person	فُعِلْتُمَا
plural masculine 2nd person	فُعِلْتُمْ
singular feminine 2nd person	فُعِلْتِ
dual feminine 2nd person	فُعِلْتُمَا
plural feminine 2nd person	فُعِلْتُنَّ
singular first person	فُعِلْتُ
dual and plural first person	فُعِلْنَا

الفعل الماضي المعروف المنفي

Verb	Pronoun
مَا فَعَلَ	هُوَ
مَا فَعَلَا	هُمَا
مَا فَعَلُوْا	هُمْ
مَا فَعَلَتْ	هِيَ
مَا فَعَلَتَا	هُمَا
مَا فَعَلْنَ	هُنَّ
مَا فَعَلْتَ	أَنْتَ
مَا فَعَلْتُمَا	أَنْتُمَا
مَا فَعَلْتُمْ	أَنْتُمْ
مَا فَعَلْتِ	أَنْتِ
مَا فَعَلْتُمَا	أَنْتُمَا
مَا فَعَلْتُنَّ	أَنْتُنَّ
مَا فَعَلْتُ	أَنَا
مَا فَعَلْنَا	نَحْنُ

The words (مَـــا) or (لَا) are used for the negative sense. To use (لَا) with (الماضــي), the condition is that the (لَا) must be repeated eg. (فَلَا صَدَّقَ وَ لَا صَلَّى).

The column on the right indicates how the pronouns (ضـــمائر) are used with the verbs.

الفعل الماضي المجهول المنفي

Word-form	Verb
الغائب	مَا فُعِلَ
الغائبان	مَا فُعِلَا
الغائبون	مَا فُعِلُوْا
الغائبة	مَا فُعِلَتْ
الغائبتان	مَا فُعِلَتَا
الغائبات	مَا فُعِلْنَ
المخاطب	مَا فُعِلْتَ
المخاطبان	مَا فُعِلْتُمَا
المخاطبون	مَا فُعِلْتُمْ
المخاطبة	مَا فُعِلْتِ
المخاطبتان	مَا فُعِلْتُمَا
المخاطبات	مَا فُعِلْتُنَّ
المتكلم	مَا فُعِلْتُ
المتكلم مع الغير	مَا فُعِلْنَا

Note the Arabic terms used for the different word-forms in this table.

Exercise 5

(a) Translate the following sentences:

(1) هُوَ قَرَأَ الْقُرْآنَ

(2) قُرِءَ الْقُرْآنُ

(3) هُمَا كَتَبَتَا مَكْتُوْبَيْنِ

(4) الْبِنْتَان طَلَبَتَا

(5) أَنْتَ أَكَلْتَ تُفَّاحًا

(6) أَنْتُمْ بُعِثْتُمْ إِلَي مَكَّةَ

(7) أَنْتِ طَلَبْتِ الْعِلْمَ

(8) أَنْتُنَّ بُعِثْتُنَّ إِلَي الْمُسْتَشْفَي

(9) نَحْنُ شَرِبْنَا لَبَنًا

(10) مَا فَهِمْنَا قَوْلَكُمْ

(b) What is the (صيغة) of the following verbs:

[1] (كم من فئة قليلة **غَلَبَتْ** فئة كثيرة بإذن الله)

[2] (من **قَتَلَ** نَفْسًا)

[3] (كم **تَرَكُوْا** من جنات)

[4] (مما **تَرَكَ** الوالدان)

[5] (فمن **شَرِبَ** منه)

[6] (فَشرِبُوْا منه)

[7] (كُتِبَ عليكم الصيام)

[8] (وإذا الموؤودة سُئِلَتْ)

[9] (بأيّ ذنب قُتِلَتْ)

[10] (ومما رَزَقْنَاهُمْ)

(c) Are the following verbs (معروف) or (مجهول)?

[1] (حَزِنَ)

[2] (قُبِلْتَ)

[3] (ظُهِرْتُنَّ)

[4] (بَعُدَ)

[5] (قُصِدْنَا)

The Imperfect (المضارع)

The Imperfect (المضارع) is formed by adding prefixes and/or suffixes to the perfect tense. The prefixes can either be any of the letters (أَتَيْنَ). The suffixes may either be (ان), (ون), (ين) or just (ن).

After adding the prefix, the first radical or letter of the verb has (سكون), e.g. the (ف) of (يَفْعَلُ) has a sukûn. The second letter can have any of the three harakât, depending on which category (باب) the verb belongs to.

In the indicative case (حالة الرفع), the final vowel of the third radical (لام الكلمة) is (ضمة) in the singular form of the verb, e.g. (يَفْعَلُ), (تَفْعَلُ), (أَفْعَلُ) and (نَفْعَلُ). For the subjunctive case (حالة النصب), this (ضمة) is changed to (فتحة), e.g. (يَفْعَلَ), (تَفْعَلَ), (أَفْعَلَ) and (نَفْعَلَ); while for the jussive case (حالة الجزم), it is replaced by a (سكون), e.g. (يَفْعَلْ), (تَفْعَلْ), (أَفْعَلْ) and (نَفْعَلْ). The changes in the singular and dual forms will be discussed later.

الفعل المضارع المعروف المثبت

Meaning	Verb
He is doing or he will do.	يَفْعَلُ
They (2 males) are doing or they will do.	يَفْعَلَانِ
They (plural males) are doing or they will do.	يَفْعَلُوْنَ
She is doing or she will do.	تَفْعَلُ
They (2 females) are doing or they will do.	تَفْعَلَانِ
They (plural females) are doing or they will do.	يَفْعَلْنَ
You (1 male) are doing or you will do.	تَفْعَلُ
You (2 males) are doing or you will do.	تَفْعَلَانِ
You (plural males) are doing or you will do.	تَفْعَلُوْنَ
You (1 female) are doing or you will do.	تَفْعَلِيْنَ
You (2 females) are doing or you will do.	تَفْعَلَانِ
You (plural females) are doing or you will do.	تَفْعَلْنَ
I am doing or will do.	أَفْعَلُ
We are doing or we will do.	نَفْعَلُ

36

→

الفعل المضارع المجهول المثبت	الفعل المضارع المعروف المنفي	الفعل المضارع المجهول المنفي
يُفْعَلُ	لَا يَفْعَلُ	لَا يُفْعَلُ
يُفْعَلَانِ	لَا يَفْعَلَانِ	لَا يُفْعَلَانِ
يُفْعَلُوْنَ	لَا يَفْعَلُوْنَ	لَا يُفْعَلُوْنَ
تُفْعَلُ	لَا تَفْعَلُ	لَا تُفْعَلُ
تُفْعَلَانِ	لَا تَفْعَلَانِ	لَا تُفْعَلَانِ
يُفْعَلْنَ	لَا يَفْعَلْنَ	لَا يُفْعَلْنَ
تُفْعَلُ	لَا تَفْعَلُ	لَا تُفْعَلُ
تُفْعَلَانِ	لَا تَفْعَلَانِ	لَا تُفْعَلَانِ
تُفْعَلُوْنَ	لَا تَفْعَلُوْنَ	لَا تُفْعَلُوْنَ
تُفْعَلِيْنَ	لَا تَفْعَلِيْنَ	لَا تُفْعَلِيْنَ
تُفْعَلَانِ	لَا تَفْعَلَانِ	لَا تُفْعَلَانِ
تُفْعَلْنَ	لَا تَفْعَلْنَ	لَا تُفْعَلْنَ
أُفْعَلُ	لَا أَفْعَلُ	لَا أُفْعَلُ
نُفْعَلُ	لَا نَفْعَلُ	لَا نُفْعَلُ

Exercise 6

(1) To which category (بـــــاب) do each of the following verbs belong:

(a) (خلَق يخلُق)

(b) (ظلَم يظلِم)

(c) (عبَد يعبُد)

(d) (ملَك يملِك)

(e) (نظَر ينظُر)

(2) What is the (صيغة) of the following words:

(1) ولكن المنافقين **لاَ يَعْلَمُوْنَ**

(2) وأنا بريئ مما **تَعْمَلُوْنَ**

(3) إن الله **لاَ يَظْلِمُ** الناس شيئا

(4) **لاَ أَمْلِكُ** لنَفْسيْ

(5) الذين **يَأْكُلُوْنَ**

(6) **لاَ أَعْبُدُ** الذي فطرني

(7) **أَفَلاَ يَنْظُرُوْنَ** إلي الإبل

(8) و **يَمْنَعُوْنَ** الماعون

The Imperfect Passive Tense (المضارع المجهول)

The (المضارع المجهول) is constructed from the (المضارع المعروف) in all triliteral verbs (ثلاثي مجرد). If we take the first verb, namely the third person singular form, (يَفْعَلُ), a (ضمة) is rendered to the first letter which is the (علامة المضارع) – sign of the imperfect tense. A (فتحة) is rendered to the (عين الكلمة) while the (لام الكلمة) remains as it is. The result is (يُفْعَلُ). No matter what the (حركة) of the (عين الكلمة) in the active tense is, in the passive tense, it will always be (مفتوح). Examples:

Active – (معروف)	**Passive – (مجهول)**
يَنْصُرُ	يُنْصَرُ
يَسْمَعُ	يُسْمَعُ
يَضْرِبُ	يُضْرَبُ

Exercise 7

(a) Translate the following into English:

(1) لاَ يُسْئَلُ عَمَّا يَفْعَلُ وهم يُسْئَلُوْنَ

(2) يُشْرَبُ اللَّبَنُ

(3) يُؤْكَلُ الْيَوْمَ السَّمَكُ وَالأَرُزُّ

(4) يُقْتَلُ الْعَسْكَرِيُّ فِي الْمُحَارَبَةِ

(5) هَلْ يُفْهَمُ اللِّسَانُ الْهِنْدِيُّ فِيْ مَكَّةَ

(b) Translate the following sentences into Arabic:

[1] The door of the school is being opened.
[2] He is being sent to Madînah.
[3] The disbelievers will be defeated.
[4] The car will be left on the road.
[5] The book will be read today.

(c) Conjugate the following verbs into the (مضارع مجهول):

(5)	(4)	(3)	(2)	(1)
يَفْرَحُ	يَهْزِمُ	يَشْكُرُ	يَرْزُقُ	يَرْجِعُ

The (حروف ناصبة)

The (حروف ناصبة) are: (أَنْ), (لَنْ), (كَيْ) and (إِذَنْ). When they precede the (فعل مضارع), they render (نصب) to the following five words:

(1) يَفْعَلُ ، واحد مذكر غائب

(2) تَفْعَلُ ، واحد مؤنث غائب

(3) تَفْعَلُ ، واحد مذكر حاضر

(4) أَفْعَلُ ، واحد متكلم

(5) نَفْعَلُ ، جمع متكلم

The (نون الإعراب) of the following seven words is deleted:

(1) يَفْعَلَانِ ، تثنية مذكر غائب

(2) يَفْعَلُوْنَ ، جمع مذكر غائب

(3) تَفْعَلَانِ ، تثنية مؤنث غائب

(4) تَفْعَلَانِ ، تثنية مذكر حاضر

(5) تَفْعَلُوْنَ ، جمع مذكر حاضر

(6) تَفْعَلِيْنَ ، واحد مؤنث حاضر

(7) تَفْعَلَانِ ، تثنية مؤنث حاضر

The following two words remain unchanged:

(1) يَفْعَلْنَ ، جمع مؤنث غائب

(2) تَفْعَلْنَ ، جمع مؤنث حاضر

The word (لَنْ) changes the positive imperfect tense (مضارع مثبت) to negative (منفي) with emphasis.

The paradigms of (معروف) – the active tense and (مجهول) – the passive tense – when used with the other particles, (أَنْ), (كَيْ) and (إِذَنْ) will be the same as was in the case of (لَنْ).

Examples:

أَنْ يَفْعَلُوْا	أَنْ يَفْعَلاَ	أَنْ يَفْعَلَ
كَيْ يَفْعَلُوا	كَيْ يَفْعَلاَ	كَيْ يَفْعَلَ
إِذَنْ يَفْعَلُوْا	إِذَنْ يَفْعَلاَ	إِذَنْ يَفْعَلَ

Hereunder follow the paradigms of (فعل مضارع) when used with the particle (لَنْ).

→

تأكيد النفي مع لن علي الفعل المستقبل المعروف	تأكيد النفي مع لن علي الفعل المستقبل المجهول
لَنْ يَفْعَلَ	لَنْ يُفْعَلَ
لَنْ يَفْعَلَا	لَنْ يُفْعَلَا
لَنْ يَفْعَلُوْا	لَنْ يُفْعَلُوْا
لَنْ تَفْعَلَ	لَنْ تُفْعَلَ
لَنْ تَفْعَلَا	لَنْ تُفْعَلَا
لَنْ يَفْعَلْنَ	لَنْ يُفْعَلْنَ
لَنْ تَفْعَلَ	لَنْ تُفْعَلَ
لَنْ تَفْعَلَا	لَنْ تُفْعَلَا
لَنْ تَفْعَلُوْا	لَنْ تُفْعَلُوْا
لَنْ تَفْعَلِيْ	لَنْ تُفْعَلِيْ
لَنْ تَفْعَلَا	لَنْ تُفْعَلَا
لَنْ تَفْعَلْنَ	لَنْ تُفْعَلْنَ
لَنْ أَفْعَلَ	لَنْ أُفْعَلَ
لَنْ نَفْعَلَ	لَنْ نُفْعَلَ

43

Exercise 8

(1) Conjugate the following verbs using (أَنْ):

(1) يَحْصُلُ

(2) يَمْرَضُ

(3) يَشْكُرُ

(4) يَلْعَبُ

(5) يَقْرُبُ

(2) Conjugate the following verbs using (كَيْ):

(1) يَفْطُرُ

(2) يَرْفَعُ

(3) يَعْبُدُ

(4) يَمْلِكُ

(5) يَعْمَلُ

The (حروف جازمة)

The (حروف جازمة) are (إِنْ), (لَمْ), (لَمَّا), (لَامُ الأَمْرِ) and (لَاءُ النَّهْيِ). When they precede the (فعل مضارع), they render (جزم) to the following five words:

(1) يَفْعَلُ ، واحد مذكر غائب

(2) تَفْعَلُ ، واحد مؤنث غائب

(3) تَفْعَلُ ، واحد مذكر حاضر

(4) أَفْعَلُ ، واحد متكلم

(5) نَفْعَلُ ، جمع متكلم

The (نون الإعراب) of the following seven words is deleted:

(1) يَفْعَلَانِ ، تثنية مذكر غائب

(2) يَفْعَلُوْنَ ، جمع مذكر غائب

(3) تَفْعَلَانِ ، تثنية مؤنث غائب

(4) تَفْعَلَانِ ، تثنية مذكر حاضر

(5) تَفْعَلُوْنَ ، جمع مذكر حاضر

(6) تَفْعَلِيْنَ ، واحد مؤنث حاضر

(7) تَفْعَلَانِ ، تثنية مؤنث حاضر

The following two words remain unchanged:

(1) يَفْعَلْنَ ، جمع مؤنث غائب

(2) تَفْعَلْنَ ، جمع مؤنث حاضر

The word (لَمْ) changes the positive imperfect tense (المضارع المثبت) to the negative perfect tense (الماضي المنفي).

The paradigms of (معروف) – the active voice and (مجهول) – the passive voice – when used with (إِنْ), (لَمَّا), (لاَمُ الأَمْرِ) and (لاَءُ النَّهْي), will be the same as was in the case of (لَمْ).

Examples:

←

إِنْ يَفْعَلْ	إِنْ يَفْعَلاَ	إِنْ يَفْعَلُوْا
لَمَّا يَفْعَلْ	لَمَّا يَفْعَلاَ	لَمَّا يَفْعَلُوْا
لِيَفْعَلْ	لِيَفْعَلاَ	لِيَفْعَلُوْا
لاَ يَفْعَلْ	لاَ يَفْعَلاَ	لاَ يَفْعَلُوْا

The word (لَمَّا) means 'not as yet'. Thus (لَمَّا يَفْعَلْ) will mean 'he did not do as yet'.

The (لاَمُ الأَمْرِ) enters all the word-forms of the passive tense (مجهول). In the active tense (معروف), it is only used in the third person (غائب) and first person (متكلم) word-forms.

If any of the (حروف جازمة) precede a (فعل مضارع) whose (لام

(الكلمة) is a (حرف العلة), the (حرف العلة) is deleted.

Examples:

→

(حروف جازمة)	Example of (و)	Example of (ي)	Example of (ا)
لَمْ	لَمْ يَدْعُ	لَمْ يَرْمِ	لَمْ يَخْشَ
لَمَّا	لَمَّا يَدْعُ	لَمَّا يَرْمِ	لَمَّا يَخْشَ
لام الأمر	لِيَدْعُ	لِيَرْمِ	لِيَخْشَ
لاء النهي	لَا يَدْعُ	لَا يَرْمِ	لَا يَخْشَ

Hereunder follow the paradigms of (فعل مضارع) when used with the particle (لَمْ).

→

النفي مع لَمْ علي المضارع المعروف
لَمْ يَفْعَلْ
لَمْ يَفْعَلَا
لَمْ يَفْعَلُوْا
لَمْ تَفْعَلْ
لَمْ تَفْعَلَا
لَمْ يَفْعَلْنَ
لَمْ تَفْعَلْ
لَمْ تَفْعَلَا
لَمْ تَفْعَلُوْا
لَمْ تَفْعَلِيْ
لَمْ تَفْعَلَا
لَمْ تَفْعَلْنَ
لَمْ أَفْعَلْ
لَمْ نَفْعَلْ

تأكيد النفي مع لَمْ علي المضارع المجهول
لَمْ يُفْعَلْ
لَمْ يُفْعَلَا
لَمْ يُفْعَلُوْا
لَمْ تُفْعَلْ
لَمْ تُفْعَلَا
لَمْ يُفْعَلْنَ
لَمْ تُفْعَلْ
لَمْ تُفْعَلَا
لَمْ تُفْعَلُوْا
لَمْ تُفْعَلِيْ
لَمْ تُفْعَلَا
لَمْ تُفْعَلْنَ
لَمْ أُفْعَلْ
لَمْ نُفْعَلْ

Exercise 9

(1) Conjugate the following verbs using (لَمْ):

(1)   يَكْرُمُ

(2)   يَمْنَعُ

(3)   يَشْكُرُ

(4)   يَلْعَبُ

(5)   يَقْرُبُ

(2) Conjugate the following verbs using (لام الأمر):

(1)   يَفْجُرُ

(2)   يَرْكَعُ

(3)   يَعْبُدُ

(4)   يَمْلِكُ

(5)   يَعْمَلُ

The (لام) and (نون) of Emphasis

(لَامُ التَّأْكِيْد ونونه) – The Energetic Forms

(1) To create emphasis in the meaning of (فعل مضارع), the (لَامُ التَّأْكِيْد) is prefixed to it and (نون ثقيلة) or (نون خفيفة) suffixed to it. The (نون ثقيلة) is (مُشَدَّد) and is suffixed to all the word-forms (صِيَغ). The (نون خفيفة) is (ساكن) and is not suffixed to the (تثنية) and (جمع مؤنث) word-forms.

(2) The letter prededing the (نون ثقيلة) is (مفتوح) in the following word-forms:

(1) يَفْعَلُ ، واحد مذكر غائب ـــ لَيَفْعَلَنَّ

(2) تَفْعَلُ ، واحد مؤنث غائب ـــ لَتَفْعَلَنَّ

(3) تَفْعَلُ ، واحد مذكر حاضر ـــ لَتَفْعَلَنَّ

(4) أَفْعَلُ ، واحد متكلم ـــ لَأَفْعَلَنَّ

(5) نَفْعَلُ ، جمع متكلم ـــ لَنَفْعَلَنَّ

(3) The (نون الإعراب) is deleted in the following words before attaching the (نون التأكيد):

(1) يَفْعَلَانِ ، تثنية مذكر غائب ـــ لَيَفْعَلَانِّ

(2) يَفْعَلُوْنَ ، جمع مذكر غائب ــ لَيَفْعَلُنَّ
(3) تَفْعَلَان ، تثنية مؤنث غائب ــ لَتَفْعَلَانِّ
(4) تَفْعَلَان ، تثنية مذكر حاضر ــ لَتَفْعَلَانِّ
(5) تَفْعَلُوْنَ ، جمع مذكر حاضر ــ لَتَفْعَلُنَّ
(6) تَفْعَلِيْنَ ، واحد مؤنث حاضر ــ لَتَفْعَلِنَّ
(7) تَفْعَلَان ، تثنية مؤنث حاضر ـ لَتَفْعَلَانِّ

(4) The (الف) of the (تثنية) is retained while the (نون ثقيلة) itself becomes (مكسور), e.g. (لَيَفْعَلَانِّ).

(5) The (واو) of (جمع مذكر) and the (ي) of (واحد مؤنث) are also deleted. The (ضمة) before the (واو) and the (كسرة) before the (ي) are retained, e.g. (لَيَفْعَلُنَّ) and (لَتَفْعَلِنَّ).

(6)In the (جمع مؤنث) word-forms, an (الف) is inserted between the (نون) of (جمع) and the (نون ثقيلة) so that three nûns do not occur in one place. This will occur in the following two word-forms:

(1) يَفْعَلْنَ ، جمع مؤنث غائب ــ لَيَفْعَلْنَانِّ
(2) تَفْعَلْنَ ، جمع مؤنث حاضر ــ لَتَفْعَلْنَانِّ

(7) The (نون ثقيلة) itself is (مكسور) in these two words. In short,

the (نون ثقيلة) is (مكسور) after (الف) and (مفتوح) in the other instances.

(8) The (نون خفيفة) is similar to the (نون ثقيلة) except in the (تثنية) and (جمع مؤنث) word-forms. The (نون خفيفة) is only used in those words where there is no (الف) before (نون ثقيلة) and these are eight word-forms.

Once (نون ثقيلة) and (نون خفيفة) enter a (فعل مضارع), its meaning changes to the future tense.

لام التأكيد مع النون الثقيلة علي المضارع المعروف	لام التأكيد مع النون الثقيلة علي المضارع المجهول
لَيَفْعَلَنَّ	لَيُفْعَلَنَّ
لَيَفْعَلَانِّ	لَيُفْعَلَانِّ
لَيَفْعَلُنَّ	لَيُفْعَلُنَّ
لَتَفْعَلَنَّ	لَتُفْعَلَنَّ
لَتَفْعَلَانِّ	لَتُفْعَلَانِّ
لَيَفْعَلْنَانِّ	لَيُفْعَلْنَانِّ
لَتَفْعَلَنَّ	لَتُفْعَلَنَّ
لَتَفْعَلَانِّ	لَتُفْعَلَانِّ
لَتَفْعَلُنَّ	لَتُفْعَلُنَّ
لَتَفْعَلِنَّ	لَتُفْعَلِنَّ
لَتَفْعَلَانِّ	لَتُفْعَلَانِّ
لَتَفْعَلْنَانِّ	لَتُفْعَلْنَانِّ
لَأَفْعَلَنَّ	لَأُفْعَلَنَّ
لَنَفْعَلَنَّ	لَنُفْعَلَنَّ

لام التأكيد مع النون الخفيفة علي المضارع المعروف	لام التأكيد مع النون الخفيفة علي المضارع المجهول
لَيَفْعَلَنْ	لَيُفْعَلَنْ
◼	◼
لَيَفْعَلُنْ	لَيُفْعَلُنْ
لَتَفْعَلَنْ	لَتُفْعَلَنْ
◼	◼
◼	◼
لَتَفْعَلَنْ	لَتُفْعَلَنْ
◼	◼
لَتَفْعَلُنْ	لَتُفْعَلُنْ
لَتَفْعَلِنْ	لَتُفْعَلِنْ
◼	◼
◼	◼
لَأَفْعَلَنْ	لَأُفْعَلَنْ
لَنَفْعَلَنْ	لَنُفْعَلَنْ

Exercise 10

(1) Conjugate the following verbs using (نــون ثقيلــة) in the active and passive tenses:

(1) يَحْلُبُ

(2) يَمْنَعُ

(3) يَشْكُرُ

(4) يَلْعَبُ

(5) يَقْرُبُ

(2) Conjugate the following verbs using (نــون خفيفــة) in the active and passive tenses:

(1) يَمْلِكُ

(2) يَرْفَعُ

(3) يَعْبُدُ

(4) يَجْلِسُ

(5) يَعْمَلُ

The Imperative (أمر)

The (أمــر حاضــر – imperative second person) is constructed from the (فعل مضارع) in the following manner:

(1) The (علامــة المضــارع) – the sign of the imperfect tense - is deleted.

(2) If the following letter is (متحــرك), the final letter is rendered (ساكن). Example: the verb (تَعِدُ) changes to (عِدْ).

(3) If the following letter is (ســاكن), a (همــزة الوصــل) is inserted at the beginning and the end is rendered (ساكن).

(4) If the (عين الكلمــة) has a (ضــمة), the (همــزة الوصــل) is rendered a (ضمة). Example: (تَنْصُرُ) becomes (أُنْصُرْ).

(5) If the (عين الكلمة) has a (فتحــة) or (كســرة), the (همــزة الوصل) is rendered a (كسرة). Examples:

(تَفْتَحُ) becomes (إِفْتَحْ).

(تَضْرِبُ) becomes (إِضْرِبْ).

(6) The (نون الإعــراب) is deleted while the (نــون النســوة) – the nūn of the feminine plural - is retained. Examples:

(تَفْعَلَانِ) becomes (إِفْعَلَا).

(تَفْعَلْنَ) becomes (إِفْعَلْنَ).

(7) The (حـــرف العلـــة) at the end is deleted. Examples:

(تَدْعُوْ) becomes (أُدْعُ).

(تَرْمِيْ) becomes (إِرْمِ).

(تَخْشَيْ) becomes (إِخْشَ).

(8) The imperative of the first and third persons (أمـــر الغائـــب والمـــتكلم) is formed by adding a (لام) at the beginning of (فعـــل مضـــارع). This (لام) has the same effect on the verbs as (لَمْ).

(9) The (لام التأكيـــد) and (نـــون التأكيـــد) can also be attached to the (أمر) word-forms.

Hereunder follow the paradigms of (الأمـــر المعـــروف - the imperative active) and (الأمـــر المجهـــول - the imperative passive).

الأمر المعروف	الأمر المجهول
لِيَفْعَلْ	لِيُفْعَلْ
لِيَفْعَلَا	لِيُفْعَلَا
لِيَفْعَلُوْا	لِيُفْعَلُوْا
لِتَفْعَلْ	لِتُفْعَلْ
لِتَفْعَلَا	لِتُفْعَلَا
لِيَفْعَلْنَ	لِيُفْعَلْنَ
إِفْعَلْ	لِتُفْعَلْ
إِفْعَلَا	لِتُفْعَلَا
إِفْعَلُوْا	لِتُفْعَلُوْا
إِفْعَلِيْ	لِتُفْعَلِيْ
إِفْعَلَا	لِتُفْعَلَا
إِفْعَلْنَ	لِتُفْعَلْنَ
لِأَفْعَلْ	لِأُفْعَلْ
لِنَفْعَلْ	لِنُفْعَلْ

الأمر المعروف مع النون الثقيلة	الأمر المجهول مع النون الثقيلة
لِيَفْعَلَنَّ	لِيُفْعَلَنَّ
لِيَفْعَلَانِّ	لِيُفْعَلَانِّ
لِيَفْعَلُنَّ	لِيُفْعَلُنَّ
لِتَفْعَلَنَّ	لِتُفْعَلَنَّ
لِتَفْعَلَانِّ	لِتُفْعَلَانِّ
لِيَفْعَلْنَانِّ	لِيُفْعَلْنَانِّ
إِفْعَلَنَّ	لِتُفْعَلَنَّ
إِفْعَلَانِّ	لِتُفْعَلَانِّ
إِفْعَلُنَّ	لِتُفْعَلُنَّ
إِفْعَلِنَّ	لِتُفْعَلِنَّ
إِفْعَلَانَّ	لِتُفْعَلَانِّ
إِفْعَلْنَانِّ	لِتُفْعَلْنَانِّ
لِأَفْعَلَنَّ	لِأُفْعَلَنَّ
لِنَفْعَلَنَّ	لِنُفْعَلَنَّ

——→

الأمر المعروف مع النون الخفيفة	الأمر المجهول مع النون الخفيفة
لِيَفْعَلَنْ	لِيُفْعَلَنْ
❀	❀
لِيَفْعَلُنْ	لِيُفْعَلُنْ
لِتَفْعَلَنْ	لِتُفْعَلَنْ
❀	❀
❀	X
إِفْعَلَنْ	لِتُفْعَلَنْ
❀	❀
إِفْعَلُنْ	لِتُفْعَلُنْ
إِفْعَلِنْ	لِتُفْعَلِنْ
❀	❀
❀	❀
لِأَفْعَلَنْ	لِأُفْعَلَنْ
لِنَفْعَلَنْ	لِنُفْعَلَنْ

Exercise 11

Conjugate the imperative (أمـــر) of the following verbs in the active and passive forms first and then conjugate them using the (لام التأكيد) and (نون التأكيد):

(1) يَغْسِلُ

(2) يَدْخُلُ

(3) يَحْسِبُ

(4) يَجْهَلُ

(5) يَصْبَغُ

The Prohibition (النهي)

(1) The particle (لَا) is used before (فعــل مضـــارع) to denote prohibition. It has the same effect as (لَـمْ) in changing the different word-forms.

(2) The (نون ثقيلــة) and (نـــون خفيفــة) can be attached to all the forms of (النهي).

النهي المعروف	النهي المجهول
لَا يَفْعَلْ	لَا يُفْعَلْ
لَا يَفْعَلَا	لَا يُفْعَلَا
لَا يَفْعَلُوْا	لَا يُفْعَلُوْا
لَا تَفْعَلْ	لَا تُفْعَلْ
لَا تَفْعَلَا	لَا تُفْعَلَا
لَا يَفْعَلْنَ	لَا يُفْعَلْنَ
لَا تَفْعَلْ	لَا تُفْعَلْ
لَا تَفْعَلَا	لَا تُفْعَلَا
لَا تَفْعَلُوْا	لَا تُفْعَلُوْا
لَا تَفْعَلِيْ	لَا تُفْعَلِيْ
لَا تَفْعَلَا	لَا تُفْعَلَا
لَا تَفْعَلْنَ	لَا تُفْعَلْنَ
لَا أَفْعَلْ	لَا أُفْعَلْ
لَا نَفْعَلْ	لَا نُفْعَلْ

→

النهي المعروف مع النون الثقيلة	النهي المجهول مع النون الثقيلة
لَا يَفْعَلَنَّ	لَا يُفْعَلَنَّ
لَا يَفْعَلَانِّ	لَا يُفْعَلَانِّ
لَا يَفْعَلُنَّ	لَا يُفْعَلُنَّ
لَا تَفْعَلَنَّ	لَا تُفْعَلَنَّ
لَا تَفْعَلَانِّ	لَا تُفْعَلَانِّ
لَا يَفْعَلْنَانِّ	لَا يُفْعَلْنَانِّ
لَا تَفْعَلَنَّ	لَا تُفْعَلَنَّ
لَا تَفْعَلَانِّ	لَا تُفْعَلَانِّ
لَا تَفْعَلُنَّ	لَا تُفْعَلُنَّ
لَا تَفْعَلِنَّ	لَا تُفْعَلِنَّ
لَا تَفْعَلَانِّ	لَا تُفْعَلَانِّ
لَا تَفْعَلْنَانِّ	لَا تُفْعَلْنَانِّ
لَا أَفْعَلَنَّ	لَا أُفْعَلَنَّ
لَا نَفْعَلَنَّ	لَا نُفْعَلَنَّ

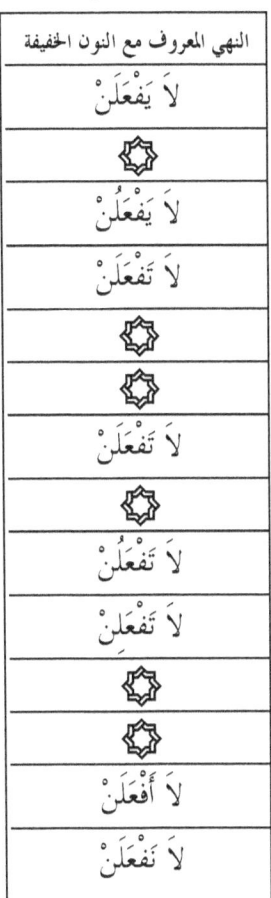

→

النهي المعروف مع النون الخفيفة	النهي المجهول مع النون الخفيفة
لَا يَفْعَلَنْ	لَا يُفْعَلَنْ
لَا يَفْعَلُنْ	لَا يُفْعَلُنْ
لَا تَفْعَلَنْ	لَا تُفْعَلَنْ
لَا تَفْعَلَنْ	لَا تُفْعَلَنْ
لَا تَفْعَلُنْ	لَا تُفْعَلُنْ
لَا تَفْعَلِنْ	لَا تُفْعَلِنْ
لَا أَفْعَلَنْ	لَا أُفْعَلَنْ
لَا نَفْعَلَنْ	لَا نُفْعَلَنْ

Exercise 12

(1) Conjugate the prohibition (النـــــهي) of the following verbs in the active and passive forms first and then conjugate them using the (لام التأكيد) and (نون التأكيد):

(1) يَجْمَعُ

(2) يَخْرُجُ

(3) يَحْسِبُ

(4) يَجْهَلُ

(5) يَصْبَغُ

(2) What is the (صيغة) of the following verbs?

(1) لاَ يَدْخُلْنَانِّ

(2) لاَ أَثْبُتَنْ

(3) لاَ نَفْسُدَنَّ

(4) لاَ تُمْنَعِيْ

(5) لاَ تَجْرَحْنَانِّ

(6) لاَ تَرْهَنُنَّ

(7) لاَ تَشْهَدْنَانِّ

(8) لاَ يَرْكَبُنَّ

THE DERIVED NOUNS (الأسماء المشتقة)

The following six nouns are derived from the verb:

(1) اسم الفاعل (2) اسم المفعول (3) اسم التفضيل (4) الصفة المشبهة (5) اسم الآلة (6) اسم الظرف

The Active Participle (اسم الفاعل)

The active participle (اسم الفاعل) indicates the person or being from whom the action emanates, e.g. (سَامِعٌ) – a person who listens.

In 3-root letter verbs (ثلاثي مجرد), the (اسم الفاعل) is formed by adding an (الف) after the first letter, rendering a (كسرة) to the second letter and (تنوين) to the final letter. Thus, (فَعَلَ) becomes (فَاعِلٌ). In the dual forms (تثنية), the (الف) and (نون) are attached to the end, e.g. (فَاعِلَانِ). For the feminine form, a round (ة) is inserted at the end. For the masculine plural (جمع مذكر), (ون), is inserted, e.g. (فَاعِلُوْنَ), while for the feminine plural (جمع مؤنث), the syllable, (ات) is attached, e.g. (فَاعِلَاتٌ). There are three scales for the masculine form and three for the feminine form of the word.

اسم الفاعل	الصيغة
فَاعِلٌ	واحد مذكر
فَاعِلَانِ	تثنية مذكر
فَاعِلُوْنَ	جمع مذكر
فَاعِلَةٌ	واحد مؤنث
فَاعِلَتَانِ	تثنية مؤنث
فَاعِلَاتٌ	جمع مؤنث

In the indicative case (حالة الرفع), the (تثنية) is used with an (الف) while in the accusative and genative cases (حالة النصب والجر), it is used with a (ي) preceded by a (فتحة). The (نون) of the (تثنية) is (مكسور), e.g. (فَاعِلَانِ) and (فَاعِلَيْنِ).

For the masculine plural in (حالة الرفع), a (و) is used while in (حالة النصب والجر), a (ي) preceded by a (كسرة) is used. The (نون) of (جمع) is (مفتوح), e.g. (فَاعِلُوْنَ) and (فَاعِلِيْنَ).

Exercise 13

Conjugate the (اسم الفاعل) of the following verbs:

(1) يَجْمَعُ

(2) يَخْرُجُ

(3) يَحْسِبُ

(4) يَجْهَلُ

(5) يَمْنَعُ

(6) يَغْسِلُ

(7) يَدْخُلُ

(8) يَجْرَحُ

(9) يَفْسُدُ

(10) يَصْبَغُ

The Passive Participle (اسم المفعول)

The passive participle (اسم المفعول) is that entity on which the action occurs, e.g. (مَفْتُوْحٌ) – the thing which is opened. It is formed by adding a (م مفتوح) at the beginning, a (و) after the second letter and (تنوين) at the end. The first root letter (حرف أصلي) becomes (ساكن) while the second one becomes (مضموم). The additions for the dual and plural forms are the same as the (اسم الفاعل). Like the (اسم الفاعل), it also has six word-forms.

الصيغة	اسم المفعول
واحد مذكر	مَفْعُوْلٌ
تثنية مذكر	مَفْعُوْلَانِ
جمع مذكر	مَفْعُوْلُوْنَ
واحد مؤنث	مَفْعُوْلَةٌ
تثنية مؤنث	مَفْعُوْلَتَانِ
جمع مؤنث	مَفْعُوْلَاتٌ

Exercise 14

Conjugate the (اسم المفعول) of the following verbs:

(1) يَظْلِمُ

(2) يَكْذِبُ

(3) يَعْلَمُ

(4) يَشْهَدُ

(5) يَصْبَغُ

(6) يَغْسِلُ

(7) يَدْخُلُ

(8) يَحْسِبُ

(9) يَجْهَلُ

(10) يَمْنَعُ

The Elative (اسم التفضيل)

The (اسم التفضيل) is a derived noun that indicates the comparative or superlative degree e.g. (أَفْضَلُ) – more virtuous or most virtuous. The scale of (أَفْعَلُ) is used for this purpose, except for colours and defects. In the case of colours and defects, the scale of (أَفْعَلُ) is used for (الصفة المشبهة) e.g. (أَحْمَرُ) – red, (أَعْمَى) – blind. Tanwīn never enters the end of (اسم التفضيل). The (اسم التفضيل) generally renders the meaning of the doer (فاعل) but sometimes it can render the meaning of the object (مفعول), e.g. (أَشْهَرُ) - more famous.

Hereunder follows the paradigm of the (اسم التفضيل):

اسم التفضيل	الصيغة
أَفْعَلُ	واحد مذكر
أَفْعَلَانِ	تثنية مذكر
أَفْعَلُوْنَ	جمع سالـــم مذكر
أَفَاعِلُ	جمع مكسر مذكر
فُعْلَي	واحد مؤنث
فُعْلَيَانِ	تثنية مؤنث
فُعْلَيَاتٌ	جمع سالـــم مؤنث
فُعَلٌ	جمع مكسر مؤنث

Exercise 15

Conjugate the (اسم التفضيل) of the following verbs:

(1) يَكْرُمُ
(2) يَجْمُلُ
(3) يَحْسُنُ
(4) يَشْعُرُ
(5) يَصْبَغُ
(6) يَغْسِلُ
(7) يَدْخُلُ
(8) يَحْسَبُ
(9) يَجْهَلُ
(10) يَمْنَعُ

The (صفة مشبهة)

The (صفة مشبهة) is a derived noun referring to the permanent quality of an entity, e.g. (جَمْيْلٌ) – beautiful. The (اسم الفاعل) on the other hand describes a temporary quality e.g. (سَامِعٌ) – listening at the moment. A person will only be referred to as (ضَارِبٌ) if the quality of (ضَرْبٌ) emanates from him whereas the attribute of (جَمْيْلٌ) applies to a person all the time.The (صفة مشبهة) is always intransitive (لازم) even though it may be constructed from a transitive verb (متعدي). Hence the difference between (سَامِعٌ) and (سَمِيْعٌ) is that (سَامِعٌ) indicates a being listening at the moment while (سَمِيْعٌ) indicates a being which permanently has the quality of listening even though there may be no object. Therefore one can say (سَامِعٌ كَلَامَكَ), but to say (سَمِيْعٌ كَلَامَكَ) is incorrect. The (صفة مشبهة) has six word-forms like the (اسم الفاعل). For the dual and plural forms, changes are made to the end as in the (اسم الفاعل).

Hereunder follows the paradigm of the (صفة مشبهة):

صفة مشبهة	الصيغة
حَسَنٌ	واحد مذكر
حَسَنَانِ	تثنية مذكر
حَسَنُوْنَ	جمع مذكر
حَسَنَةٌ	واحد مؤنث
حَسَنَتَانِ	تثنية مؤنث
حَسَنَاتٌ	جمع مؤنث

The (صفة مشبهة) is used on many scales for which there is no rule. It is based on (سماع) – as heard from the Arabs. Sometimes a (ا), (و) or (ي) is inserted after the second alphabet, e.g. (شُجَاعٌ), (وَقُوْرٌ), (شَرِيْفٌ). Sometimes the root-form remains intact but a change occurs in the harakāt, e.g. (صَعْبٌ), (جُنُبٌ), (صِفْرٌ). Some of the more common scales are listed hereunder.

Scale	Example	Meaning
فَعَلٌ	حَسَنٌ	handsome
فُعُلٌ	جُنُبٌ	impure
فُعَالٌ	شُجَاعٌ	brave

فَعَالٌ	حَصَانٌ	chaste
فَعْلٌ	ضَخْمٌ	thick
فِعْلٌ	صِفْرٌ	empty
فُعْلٌ	حُرٌّ	free
فَعِلٌ	فَرِحٌ	happy
فَاعِلٌ	صَاحِبٌ	companion
فَعِيْلٌ	كَرِيْمٌ	noble
أَفْعَلُ	أَحْمَرُ	red
فَعْلَانُ	عَطْشَانُ	thirsty

The Noun of the Instrument (اسم الآلة)

The (اسم الآلة) is a derived noun that indicates the instrument used for the action. It is formed by adding a (م مكسور) at the beginning of the root letters. It has three scales.

Scales	مِفْعَلٌ	مِفْعَلَةٌ	مِفْعَالٌ
Examples	مِخْيَطٌ	مِرْوَحَةٌ	مِفْتَاحٌ
Meanings	needle	fan	key

The paradigm including the dual and plural cases is as follows:

Scales	Examples
مِفْعَلٌ	مِنْصَرٌ
مِفْعَلَانِ	مِنْصَرَانِ
مَفَاعِلُ	مَنَاصِرُ
مِفْعَلَةٌ	مِنْصَرَةٌ
مِفْعَلَتَانِ	مِنْصَرَتَانِ
مَفَاعِلُ	مَنَاصِرُ
مِفْعَالٌ	مِنْصَارٌ
مِفْعَالَانِ	مِنْصَارَانِ
مَفَاعِيْلُ	مَنَاصِيْرُ

Sometimes the underived noun (جامد) is used to denote an instrument. Different scales are used for this purpose but there is no rule for arriving at a particular scale. Examples: (فَأْسٌ) - axe , (قَدُوْمٌ) – adze[6], (سِكِّيْنٌ) - knife.

[6] Adze: kind of axe with arched blade used for shaping wood.

Exercise 16

(a) Conjugate the (اسم الآلة) of the following verbs:

(5) نَظَرَ	(4) طَرَقَ	(3) بَرَدَ	(2) كَنَسَ	(1) فَتَحَ
(10) أَكَلَ	(9) صَنَعَ	(8) قَطَعَ	(7) دَخَلَ	(6) غَسَلَ

(b) Identify the derived nouns in the following sentences:

(1) الله خالق السماوات والأرض جاعل الظلمات والنور .

(2) السارق والسارقة فاقطعوا أيديهما .

(3) فيها عين جارية فيها سرر مرفوعة وأكواب موضوعة .

(4) ولا تنقصوا المكيال والميزان .

(5) ولهم فيها منافع ومشارب .

(6) إنّ موعدهم الصبح .

The Adverb (اسم الظرف)

The (اسم الظرف) is a derived noun that indicates the place or time of the action. If the word indicates the place of the action, it is called (ظرف المكان) and if it indicates the time of the action, it is called (ظرف الزمان). It is made by adding a (م مفتوح) at the beginning of the root letters. It has two scales, namely (مَفْعَلٌ) and (مَفْعِلٌ). If the (مضارع) is (مفتوح العين) or (مضموم العين) or (ناقص), the (اسم الظرف) will be on the scale of (مَفْعَلٌ), e.g. (مَفْتَحٌ), (مَنْصَرٌ) and (مَرْمًى). If the (مضارع) is (مكسور العين) or (مثال), the (اسم الظرف) will be on the scale of (مَفْعِلٌ), e.g. (مَضْرِبٌ) and (مَوْقِعٌ).

The paradigm including the dual and plural forms is as follows:

←

جمع	تثنية	واحد	
مَفَاعِلُ	مَفْعَلاَنِ	مَفْعَلٌ	**scale**
مَفَاتِحُ	مَفْتَحَانِ	مَفْتَحٌ	**example**

The (اسم الظرف) is often constructed from the underived noun (جامد) on the scale of (مَفْعَلَةٌ) to indicate an excess of that object in that place, e.g.

(مَاسَدَةٌ) – a place of many lions - derived from (أَسَدٌ) – lion,

(مَسْبَعَةٌ)– a place of many predators - derived from (سَبُعٌ) – predator,

(مَبْطَخَةٌ) – a place of many ducks - derived from (بِطِّيْخٌ) – duck.

There are certain words, which according to the rule should have a (فتحة) on the (عين الكلمة), but have been used with a (كسرة) instead. These may be regarded as exceptions to the rule. The scholars have written that it is permissible to pronounce these words with a (فتحة) as well. These words are:

Word	Meaning	Word	Meaning
مَسْجِدٌ	place of prostration	مَحْشِرٌ	place of assembly
مَطْلِعٌ	place of rising	مَسْقِطٌ	place of falling
مَسْكِنٌ	place of staying	مَفْرِقٌ	intersection
مَنْسِكٌ	place of slaughtering	مَجْزِرٌ	place of slaughtering
مَنْبِتٌ	place of germinating	مَشْرِقٌ	east
مَرْفِقٌ	place of resting the elbow	مَغْرِبٌ	west
مَنْخِرٌ	nostril	مَظِنَّةٌ	place where one expects something

Sometimes the (اسم الظرف) is used on the scale of (مُفْعَلَةٌ), e.g.

(مُكْحَلَةٌ) – antimony bottle, from (كُحْلٌ) - antimony.

The scale of (فُعَالَةٌ) indicates the place where a thing falls during the action, e.g.

(غُسَالَةٌ) – the water which falls during bathing,

(كُنَاسَةٌ) – the dirt which falls off the broom when sweeping.

Exercise 17

(a) Conjugate the (اسم الظرف) of the following verbs:

(1) فَتَحَ

(2) كَنَسَ

(3) بَرَدَ

(4) طَرَقَ

(5) نَظَرَ

(6) غَسَلَ

(7) دَخَلَ

(8) قَطَعَ

(9) صَنَعَ

(10) أَكَلَ

The Intensive Adjective (صيغة المبالغة)

The (صيغة المبالغة) is a noun that indicates excess in meaning of the verbal noun e.g. (ضَرَّابٌ) – one who hits a lot. The difference between (صيغة المبالغة) and (اسم التفضيل) is that in (صيغة المبالغة), the excess meaning is limited to itself without taking others into consideration whereas in the (اسم التفضيل), the excess in meaning is in comparison to others. Hence (أَضْرَبُ مِنْ مُحَمَّدٍ) or (أَضْرَبُ الْقَوْمِ) is in comparison to others while (ضَرَّابٌ) is not in comparison to anyone.

In the (صيغة المبالغة), there is no difference in gender. Sometimes a (ة) is added for excess in meaning, e.g. (رَجُلٌ عَلَّامَةٌ) – a very learned man, (امْرَأَةٌ عَلَّامَةٌ) - a very learned woman.

When (فَعِيْلٌ) is in the meaning of (فَاعِلٌ), or (فَعُوْلٌ) is in the meaning of (مَفْعُوْلٌ), a differentiation is made between the masculine and feminine forms. Examples:
(هِيَ عَلِيْمَةٌ) ,(هُوَ عَلِيْمٌ)
(نَاقَةٌ حَمُوْلَةٌ) ,(جَمَلٌ حَمُوْلٌ).

The following scales are the ones most frequently used for

(صيغة المبالغة):

Scale	Example	Meaning
فَعِلٌ	حَذِرٌ	very cautious
فَعِيْلٌ	عَلِيْمٌ	very knowledgeable
فَعُوْلٌ	أَكُوْلٌ	big eater
فَعَّالٌ	سَفَّاكٌ	shedder of blood
فُعَّالٌ	كُبَّارٌ	very great
فِعِّيْلٌ	صِدِّيْقٌ	very truthful
مِفْعَلٌ	مِجْزَمٌ	one who cuts a lot
مِفْعَالٌ	مِنْعَامٌ	one who awards many prizes
مِفْعِيْلٌ	مِنْطِيْقٌ	chatterbox
فُعَالٌ	عُجَابٌ	very strange
فَاعُوْلٌ	فَارُوْقٌ	very decisive
فُعْلَةٌ	ضُحْكَةٌ	one who habitually laughs
فَعُّوْلٌ	قَيُّوْمٌ	eternal
فُعُّوْلٌ	قُدُّوْسٌ	most holy
فُعَّلٌ	قُلَّبٌ	very agile

Exercise 18

(A) Translate the following sentences into Arabic:

(1) He is very agile.
(2) This book is very strange.
(3) The principal awards many prizes.
(4) Abū Bakr is very truthful.
(5) She is a big eater.
(6) Allāh is very knowledgeable.
(7) The king was a shedder of blood.
(8) The student is very cautious.
(9) His mother is very patient.
(10) The mujāhid is extremely brave.

(B) What is the scale of the following (صيغ المبالغة):

(1) جَبَّارٌ
(2) مِفْضَالٌ
(3) صِدِّيْقٌ
(4) فَهَّامَةٌ
(5) مِسْكِيْنٌ
(6) شُرُوْبٌ
(7) عَلِيْمٌ
(8) حَذِرٌ
(9) كُبَّارٌ
(10) قُدُّوْسٌ

The Categories (أبواب) of Verbs

The (أبواب) of (ثلاثي مجرد)

You have already learnt that the verbs of (ثلاثي مجرد) –three root-letter verbs – have six categories (أبواب) – plural of (باب).

The First (باب): (نَصَرَ يَنْصُرُ)

(فَعَلَ يَفْعُلُ) – the (عَيْنُ الْكَلِمَة) of the (الماضي) has a (فتحة) while the (مضارع) has a (ضمة), e.g. (النَّصْرُ) – to help. The abbreviated paradigm[7] of this (باب) is as follows:

نَصَرَ يَنْصُرُ نَصْرًا فَهُوَ نَاصِرٌ وَنُصِرَ يُنْصَرُ نَصْرًا فَهُوَ مَنْصُوْرٌ اَلْأَمْرُ مِنْهُ أُنْصُرْ وَالنَّهْيُ عَنْهُ لاَ تَنْصُرْ الظَّرْفُ مِنْهُ مَنْصَرٌ وَالْآلَةُ مِنْهُ مِنْصَرٌ وَ مِنْصَرَةٌ وَ مِنْصَارٌ وَأَفْعَلُ التَّفْضِيْلِ مِنْهُ أَنْصَرُ وَالْمُؤَنَّثُ مِنْهُ نُصْرَي

[7] The abbreviated paradigm is where the first (صيغة) of each paradigm of the active and passive tenses is used.

The Second (باب) : (ضَرَبَ يَضْرِبُ)

(فَعَلَ يَفْعِلُ) – the (عَيْنُ الْكَلِمَةَ) of the (الماضي) has a (فتحة) while the (مضارع) has a (كسرة), eg (الضَّرْبُ) – to hit. The abbreviated paradigm of this (باب) is as follows:

ضَرَبَ يَضْرِبُ ضَرْبًا فَهُوَ ضَارِبٌ وضُرِبَ يُضْرَبُ ضَرْبًا فَهُوَ مَضْرُوْبٌ اَلْأَمْرُ مِنْهُ إِضْرِبْ وَالنَّهْيُ عَنْهُ لاَ تَضْرِبْ الظَّرْفُ مِنْهُ مَضْرِبٌ وَالْآلَةُ مِنْهُ مِضْرَبٌ وَ مِضْرَبَةٌ وَ مِضْرَابٌ وَأَفْعَلُ التَّفْضِيْلِ مِنْهُ أَضْرَبُ وَالْمُؤَنَّثُ مِنْهُ ضُرْبَى

The Third (باب) : (فَتَحَ يَفْتَحُ)

(فَعَلَ يَفْعَلُ) – the (عَيْنُ الْكَلِمَةَ) of the (الماضي) has a (فتحة) while the (مضارع) also has a (فتحة), e.g. (الْفَتْحُ) – to open. The condition for this (باب) is that if the verb is (صحيح)[8], the (عَيْنُ الْكَلِمَةَ) or (لاَمُ الْكَلِمَةَ) must be from the (حروف حلقية). This does not mean that every verb which is (صحيح) and whose (عَيْنُ

[8] (صحيح) is that word which has no (حرف العلة), two letters of the same type or (همزة) as its root letter.

(الْكَلِمَة) or (لاَمُ الْكَلِمَة) is from the (حروف حلقية), will be from (باب فتح). The abbreviated paradigm of this (باب) and the remaining (أبواب) is similar to the above-mentioned examples.

فَتَحَ يَفْتَحُ فَتْحًا فَهُوَ فَاتِحٌ وَفُتِحَ يُفْتَحُ فَتْحًا فَهُوَ مَفْتُوْحٌ اَلْأَمْرُ مِنْهُ إِفْتَحْ وَالنَّهْيُ عَنْهُ لاَ تَفْتَحْ الظَّرْفُ مِنْهُ مَفْتَحٌ وَالْآلَةُ مِنْهُ مِفْتَحٌ وَ مِفْتَحَةٌ وَ مِفْتَاحٌ وَأَفْعَلُ التَّفْضِيْلِ مِنْهُ أَفْتَحُ وَالْمُؤَنَّثُ مِنْهُ فُتْحَي

The Fourth (باب) : (سَمِعَ يَسْمَعُ)

(فَعِلَ يَفْعَلُ) – the (عَيْنُ الْكَلِمَة) of the (الماضي) has a (كسرة) while the (مضارع) has a (فتحة), e.g. (السَّمْعُ) – to listen.

سَمِعَ يَسْمَعُ سَمْعًا فَهُوَ سَامِعٌ وَ سُمِعَ يُسْمَعُ سَمْعًا فَهُوَ مَسْمُوْعٌ اَلْأَمْرُ مِنْهُ إِسْمَعْ وَالنَّهْيُ عَنْهُ لاَ تَسْمَعْ الظَّرْفُ مِنْهُ مَسْمَعٌ وَالْآلَةُ مِنْهُ مِسْمَعٌ وَ مِسْمَعَةٌ وَ مِسْمَاعٌ وَأَفْعَلُ التَّفْضِيْلِ مِنْهُ أَسْمَعُ وَالْمُؤَنَّثُ مِنْهُ سُمْعَي

The Fifth (باب) : (كَرُمَ يَكْرُمُ)

(فَعُلَ يَفْعُلُ) – the (عَيْنُ الْكَلِمَةَ) of the (الماضي) has a (ضمة) while the (مضارع) also has a (ضمة), e.g. (اَلْكَرْمُ) – to be noble. The verbs of this (باب) are intransitive. In this (باب), instead of the (اسم الفاعل), the (صفة مشبهة) on the scale of (فَعِيْلٌ) has been used, e.g. (كَرِيْمٌ).

كَرُمَ يَكْرُمُ كَرَمًا فَهُوَ كَرِيْمٌ وَ كُرِمَ يُكْرَمُ كَرَمًا فَهُوَ مَكْرُوْمٌ اَلْأَمْرُ مِنْهُ أُكْرُمْ وَالنَّهْيُ عَنْهُ لاَ تَكْرُمْ الظَّرْفُ مِنْهُ مَكْرَمٌ وَالْآلَةُ مِنْهُ مِكْرَمٌ وَ مِكْرَمَةٌ وَ مِكْرَامٌ وَأَفْعَلُ التَّفْضِيْلِ مِنْهُ أَكْرَمُ وَالْمُؤَنَّثُ مِنْهُ كُرْمَي

The Sixth (باب) : (حَسِبَ يَحْسِبُ)

(فَعِلَ يَفْعِلُ) – the (عَيْنُ الْكَلِمَةَ) of the (الماضي) has a (كسرة) while the (مضارع) also has a (كسرة), e.g. (اَلْحَسْبُ) – to ponder. Besides (حَسِبَ), no other (فعل صحيح) has been used in this (باب). Acccording to some scholars, the verb (نَعِمَ يَنْعِمُ) is also from this (باب). However, verbs that are (مثال)[9] or (لفيف)[10] have been used, e.g. (وَرِثَ يَرِثُ) and (وَلِيَ يَلِيْ). The verb (حَسِبَ) has also been used with a (فتحة) on the (عَيْنُ الْكَلِمَةِ) of (مضارع), that is (يَحْسَبُ).

حَسِبَ يَحْسِبُ حَسْبًا فَهُوَ حَاسِبٌ وَ حُسِبَ يُحْسَبُ حَسْبًا فَهُوَ مَحْسُوْبٌ اَلْأَمْرُ مِنْهُ إِحْسِبْ وَالنَّهْيُ عَنْهُ لَا تَحْسِبْ الظَّرْفُ مِنْهُ مَحْسِبٌ وَالْآلَةُ مِنْهُ مِحْسَبٌ وَ مِحْسَبَةٌ وَ مِحْسَابٌ وَأَفْعَلُ التَّفْضِيْلِ مِنْهُ أَحْسَبُ وَالْمُؤَنَّثُ مِنْهُ حُسْبَي

9 A word having a (و) or (ي) as the (فاء الكلمة).

10 A word having two (حروف العلة).

Exercise 19

Conjugate the following verbs as done above:

(1) كَتَبَ

(2) سَبَحَ

(3) عَلِمَ

(4) نَعِمَ

(5) حَمَلَ

(6) ضَعُفَ

(7) شَرُفَ

(8) غَلَبَ

(9) مَنَعَ

(10) هَرَبَ

The (أبواب) of (ثلاثي مزيد فيه)

The Derived Forms of the Triliteral Verb

Arabic is extremely rich and copious in derived forms which extend or modify the meaning of the root form of the verb, giving many exact shades of meaning. This is a common feature of Semitic languages and perhaps it reaches its pinnacle in Arabic.

Derived forms are made by adding letters before or between the root letters of the simple verb. Accordingly, (نَصَرَ), which is the root, means to help. From this verb the following verbs are derived with differing meanings:

Verb	Meaning
نَاصَرَ	to support
تَنَصَّرَ	to try to help
تَنَاصَرَ	to render mutual assistance
أِنْتَصَرَ	to come to someone's aid
أِسْتَنْصَرَ	to ask for assistance

Another example of derived verbs is (قَتَلَ) which means to kill. When extra letters are added to this root, the following meanings are achieved.

Verb	Meaning
قَتَّلَ	to massacre
قَاتَلَ	to combat, battle
إِقْتَتَلَ	to fight with one another
إِسْتَقْتَلَ	to risk one's life

Very few verb roots have all the other derived forms. Some have only one (like – ذَبَّ to drive away) or two (like خَسَفَ – to sink), while others have four or five as in the above examples. There is often a good deal of overlapping of meaning between the forms.

Sometimes the root form is not in use while the derived forms are used, e.g. (رَتَّبَ - to arrange).

The (أبواب) of (ثلاثي مزيد فيه) are twelve in total. They are formed by adding extra letters to the (الفعل الماضي) of (ثلاثي مجرد). Upto a maximum of three extra letters can be added to a verb, thus bringing the maximum number of letters of a verb to six (root letters plus extra letters).

Seven of these (أبواب) have (همزة الوصل) at the beginning while five do not have. Besides (ثلاثي مجرد), every letter with a (حركة) will become (مضموم) in the (الماضي المجهول) except for the

penultimate letter which will be (مكسور). The (ساكن) will remain as it is,
e.g. (أُجْتُنِبَ), (أُسْتُنْصِرَ).

When (مَا) or (لَا) are used in the (الماضي المنفي), the (همزة الوصل) will not be pronounced as will the (الف) of the (مَا) and (لَا), e.g. (مَا اجْتَنَبَ), (لَا انْفَطِرَ).

The 12 (أبواب) of (ثلاثي مزيد فيه) are as follows:

باب	Example	Extra Letters	همزة الوصل
إِفْعَالٌ	أَكْرَمَ	أ	همزة القطع
تَفْعِيْلٌ	صَرَّفَ	عّ	no hamza
مُفَاعَلَةٌ	قَاتَلَ	ا	no hamza
إِفْتِعَالٌ	إِجْتَنَبَ	أ ، ت	همزة الوصل
إِنْفِعَالٌ	إِنْفَطَرَ	أ ، ن	همزة الوصل
إِفْعِلَالٌ	إِحْمَرَّ	أ ، لّ	همزة الوصل
تَفَعُّلٌ	تَقَبَّلَ	ت ، عّ	no hamza
تَفَاعُلٌ	تَقَابَلَ	ت ، ا	no hamza
إِسْتِفْعَالٌ	إِسْتَنْصَرَ	أ ، س ، ت	همزة الوصل
إِفْعِيْعَالٌ	إِخْشَوْشَنَ	أ ، و	همزة الوصل
إِفْعِيْلَالٌ	إِدْهَامَّ	أ ، ا ، لّ	همزة الوصل
إِفْعِوَّالٌ	إِجْلَوَّذَ	أ ، وّ	همزة الوصل

Construction of the Derived Nouns

To construct the (اسم الفاعل) of any (باب) besides (ثلاثي مجرد), the (مضارع معروف) is modified by adding a (م مضموم) at the beginning and making the penultimate letter (مكسور) if it is not already (مكسور).

Examples:

يُكْرِمُ - مُكْرِمٌ

يُصَرِّفُ - مُصَرِّفٌ

يُقَاتِلُ - مُقَاتِلٌ

The (اسم المفعول) is like the (اسم الفاعل) except that the penultimate letter is (مفتوح).

Examples:

يُكْرِمُ - مُكْرَمٌ

يُصَرِّفُ - مُصَرَّفٌ

يُقَاتِلُ - مُقَاتَلٌ

The (اسم الظرف) of these (أبواب) is used on the scale of the (اسم المفعول). There is neither (اسم الآلة) nor (اسم التفضيل) in these (أبواب). In ordert to express the meaning of the (اسم الآلة),

the words (مَابه) are added to the (مصدر) for this purpose, e.g. (مَابه الْإِجْتِنَابُ) – the means of refraining.

To express the (اسم التفضيل), the word (أَشَدُّ) is used before the (مصدر منصوب), e.g. (أَشَدُّ إِجْتِنَابًا) – more refraining. Words like (أَقَلُّ), (أَكْثَرُ) etc. can also be used.

The Abbreviated Paradigm (صرف صغير) of Each
(باب)

باب إفعال

أَكْرَمَ يُكْرِمُ إِكْرَامًا فَهُوَ مُكْرِمٌ وَأُكْرِمَ يُكْرَمُ إِكْرَامًا فَهُوَ مُكْرَمٌ اَلْأَمْرُ
مِنْهُ أَكْرِمْ وَالنَّهْيُ عَنْهُ لاَ تُكْرِمْ

The sign of (بـــاب إفعــال) is a (همـــزة القطـــع) [11] in the
(الفعـــل الماضـــي) and (أمـــر) while the (علامـــة المضـــارع) is
always (مضـــموم). The (همـــزة القطـــع) of the (الماضـــي) is
deleted from the (مضــارع). Thus (يُـــأَكْرِمُ) becomes (يُكْـــرِمُ).
The remaining word-forms follow the same pattern.

The detailed paradigms of this verb are provided
hereunder.

---

[11] A hamzah that is not deleted in pronunciation when prefixed by any
letter.

الماضي المعروف	المضارع المعروف	الأمر المعروف	النهي المعروف
أَكْرَمَ	يُكْرِمُ	لِيُكْرِمْ	لاَ يُكْرِمْ
أَكْرَمَا	يُكْرِمَانِ	لِيُكْرِمَا	لاَ يُكْرِمَا
أَكْرَمُوْا	يُكْرِمُوْنَ	لِيُكْرِمُوْا	لاَ يُكْرِمُوْا
أَكْرَمَتْ	تُكْرِمُ	لِتُكْرِمْ	لاَ تُكْرِمْ
أَكْرَمَتَا	تُكْرِمَانِ	لِتُكْرِمَا	لاَ تُكْرِمَا
أَكْرَمْنَ	يُكْرِمْنَ	لِيُكْرِمْنَ	لاَ يُكْرِمْنَ
أَكْرَمْتَ	تُكْرِمُ	أَكْرِمْ	لاَ تُكْرِمْ
أَكْرَمْتُمَا	تُكْرِمَانِ	أَكْرِمَا	لاَ تُكْرِمَا
أَكْرَمْتُمْ	تُكْرِمُوْنَ	أَكْرِمُوْا	لاَ تُكْرِمُوْا
أَكْرَمْتِ	تُكْرِمِيْنَ	أَكْرِمِيْ	لاَ تُكْرِمِيْ
أَكْرَمْتُمَا	تُكْرِمَانِ	أَكْرِمَا	لاَ تُكْرِمَا
أَكْرَمْتُنَّ	تُكْرِمْنَ	أَكْرِمْنَ	لاَ تُكْرِمْنَ
أَكْرَمْتُ	أُكْرِمُ	لِأُكْرِمْ	لاَ أُكْرِمْ
أَكْرَمْنَا	نُكْرِمُ	لِنُكْرِمْ	لاَ نُكْرِمْ

اسم الفاعل: مُكْرِمٌ ، مُكْرِمَانِ ، مُكْرِمُوْنَ ، مُكْرِمَةٌ ، مُكْرِمَتَانِ ، مُكْرِمَاتٌ .

Exercise 20

Conjugate the following verbs:

(1) أَجْلَسَ (2) أَبْعَدَ (3) أَحْضَرَ (4) أَرْسَلَ (5) أَخْبَرَ

باب تفعيل

صَرَّفَ يُصَرِّفُ تَصْرِيْفًا فَهُوَ مُصَرِّفٌ وَصُرِّفَ يُصَرَّفُ تَصْرِيْفًا فَهُوَ مُصَرَّفٌ اَلْأَمْرُ مِنْهُ صَرِّفْ وَالنَّهْيُ عَنْهُ لاَ تُصَرِّفْ

The sign of (باب تفعيل) is the tashdîd of the (عين الكلمة) in the (الماضي) and (أمر حاضر) without a (ت) preceding the (فاء الكلمة). The (علامة المضارع) of this (باب) is also always (مضموم).

The (مصدر) of this (باب) is also used on the following scales:

(فَعَالٌ) e.g. (كَلَامٌ ، سَلَامٌ);

(فِعَّالٌ) e.g. (كِذَّابٌ);

(تَفْعِلَةٌ) e.g. (تَزْكِيَةٌ);

(تَفْعَالٌ) e.g. (تَكْرَارٌ).

The detailed paradigms of this verb follow hereunder.

الماضي المعروف	المضارع المعروف	الأمر المعروف	النهي المعروف
صَرَّفَ	يُصَرِّفُ	لِيُصَرِّفْ	لاَ يُصَرِّفْ
صَرَّفَا	يُصَرِّفَانِ	لِيُصَرِّفَا	لاَ يُصَرِّفَا
صَرَّفُوْا	يُصَرِّفُوْنَ	لِيُصَرِّفُوْا	لاَ يُصَرِّفُوْا
صَرَّفَتْ	تُصَرِّفُ	لِتُصَرِّفْ	لاَ تُصَرِّفْ
صَرَّفَتَا	تُصَرِّفَانِ	لِتُصَرِّفَا	لاَ تُصَرِّفَا
صَرَّفْنَ	يُصَرِّفْنَ	لِيُصَرِّفْنَ	لاَ يُصَرِّفْنَ
صَرَّفْتَ	تُصَرِّفُ	صَرِّفْ	لاَ تُصَرِّفْ
صَرَّفْتُمَا	تُصَرِّفَانِ	صَرِّفَا	لاَ تُصَرِّفَا
صَرَّفْتُمْ	تُصَرِّفُوْنَ	صَرِّفُوْا	لاَ تُصَرِّفُوْا
صَرَّفْتِ	تُصَرِّفِيْنَ	صَرِّفِيْ	لاَ تُصَرِّفِيْ
صَرَّفْتُمَا	تُصَرِّفَانِ	صَرِّفَا	لاَ تُصَرِّفَا
صَرَّفْتُنَّ	تُصَرِّفْنَ	صَرِّفْنَ	لاَ تُصَرِّفْنَ
صَرَّفْتُ	أُصَرِّفُ	لِأُصَرِّفْ	لاَ أُصَرِّفْ
صَرَّفْنَا	نُصَرِّفُ	لِنُصَرِّفْ	لاَ نُصَرِّفْ

اسم الفاعـــل: مُصَـــرِّفٌ ، مُصَـــرِّفَانِ ، مُصَـــرِّفُوْنَ ، مُصَـــرِّفَةٌ ، مُصَرِّفَتَانِ ، مُصَرِّفَاتٌ .

Exercise 21

Conjugate the following verbs:

(1) سَلَّمَ (2) قَبَّلَ (3) بَشَّرَ (4) قَدَّرَ (5) صَدَّقَ

باب مفاعلة

قَاتَلَ يُقَاتِلُ مُقَاتَلَةً فَهُوَ مُقَاتِلٌ وَقُوْتِلَ يُقَاتَلُ مُقَاتَلَةً فَهُوَ مُقَاتَلٌ اَلْأَمْرُ مِنْهُ قَاتِلْ وَالنَّهْيُ عَنْهُ لاَ تُقَاتِلْ

The sign of (باب مفاعلة) is the (الف زائدة) after the (فاء الكلمة) in the (الفعل الماضي) and (فعل الأمر الحاضر) without a (ت) preceding it. The (علامة المضارع) of this (باب) is always (مضموم).

The (مصدر) of (باب مفاعلة) is also used on the following scales:

(فِعَالٌ) e.g. (قِتَالٌ);

(فِيْعَالٌ) e.g. (قِيْتَالٌ).

The detailed paradigms of this verb follow hereunder.

الماضي المعروف	المضارع المعروف	الأمر المعروف	النهي المعروف
قَاتَلَ	يُقَاتِلُ	لِيُقَاتِلْ	لاَ يُقَاتِلْ
قَاتَلاَ	يُقَاتِلاَنِ	لِيُقَاتِلاَ	لاَ يُقَاتِلاَ
قَاتَلُوْا	يُقَاتِلُوْنَ	لِيُقَاتِلُوْا	لاَ يُقَاتِلُوْا
قَاتَلَتْ	تُقَاتِلُ	لِتُقَاتِلْ	لاَ تُقَاتِلْ
قَاتَلَتَا	تُقَاتِلاَنِ	لِتُقَاتِلاَ	لاَ تُقَاتِلاَ
قَاتَلْنَ	يُقَاتِلْنَ	لِيُقَاتِلْنَ	لاَ يُقَاتِلْنَ
قَاتَلْتَ	تُقَاتِلُ	قَاتِلْ	لاَ تُقَاتِلْ
قَاتَلْتُمَا	تُقَاتِلاَنِ	قَاتِلاَ	لاَ تُقَاتِلاَ
قَاتَلْتُمْ	تُقَاتِلُوْنَ	قَاتِلُوْا	لاَ تُقَاتِلُوْا
قَاتَلْتِ	تُقَاتِلِيْنَ	قَاتِلِيْ	لاَ تُقَاتِلِيْ
قَاتَلْتُمَا	تُقَاتِلاَنِ	قَاتِلاَ	لاَ تُقَاتِلاَ
قَاتَلْتُنَّ	تُقَاتِلْنَ	قَاتِلْنَ	لاَ تُقَاتِلْنَ
قَاتَلْتُ	أُقَاتِلُ	لِأُقَاتِلْ	لاَ أُقَاتِلْ
قَاتَلْنَا	نُقَاتِلُ	لِنُقَاتِلْ	لاَ نُقَاتِلْ

اسم الفاعل: مُقَاتِلٌ ، مُقَاتِلاَنِ ، مُقَـــاتِلُوْنَ ، مُقَاتِلَـــةٌ ، مُقَاتِلَتَـــانِ ، مُقَاتِلاَتٌ .

Exercise 22

Conjugate the following verbs:

(1) رَاقَبَ (2) شَاهَدَ (3) دَافَعَ (4) سَافَرَ (5) هَاجَمَ

باب انفعال

إِنْفَطَرَ يَنْفَطِرُ إِنْفِطَارًا فَهُوَ مُنْفَطِرٌ وَأُنْفُطِرَ يُنْفَطَرُ إِنْفِطَارًا فَهُوَ مُنْفَطَرٌ اَلْأَمْرُ مِنْهُ إِنْفَطِرْ وَالنَّهْيُ عَنْهُ لاَ تَنْفَطِرْ

The sign of (باب انفعال) is the (ن) before the (فاء الكلمة). This (باب) is always intransitive (لازم).

The detailed paradigms of this verb follow hereunder.

الماضي المعروف	المضارع المعروف	الأمر المعروف	النهي المعروف
إِنْفَطَرَ	يَنْفَطِرُ	لِيَنْفَطِرْ	لاَ يَنْفَطِرْ
إِنْفَطَرَا	يَنْفَطِرَانِ	لِيَنْفَطِرَا	لاَ يَنْفَطِرَا
إِنْفَطَرُوْا	يَنْفَطِرُوْنَ	لِيَنْفَطِرُوْا	لاَ يَنْفَطِرُوْا
إِنْفَطَرَتْ	تَنْفَطِرُ	لِتَنْفَطِرْ	لاَ تَنْفَطِرْ
إِنْفَطَرَتَا	تَنْفَطِرَانِ	لِتَنْفَطِرَا	لاَ تَنْفَطِرَا
إِنْفَطَرْنَ	يَنْفَطِرْنَ	لِيَنْفَطِرْنَ	لاَ يَنْفَطِرْنَ
إِنْفَطَرْتَ	تَنْفَطِرُ	إِنْفَطِرْ	لاَ تَنْفَطِرْ
إِنْفَطَرْتُمَا	تَنْفَطِرَانِ	إِنْفَطِرَا	لاَ تَنْفَطِرَا
إِنْفَطَرْتُمْ	تَنْفَطِرُوْنَ	إِنْفَطِرُوْا	لاَ تَنْفَطِرُوْا
إِنْفَطَرْتِ	تَنْفَطِرِيْنَ	إِنْفَطِرِيْ	لاَ تَنْفَطِرِيْ
إِنْفَطَرْتُمَا	تَنْفَطِرَانِ	إِنْفَطِرَا	لاَ تَنْفَطِرَا
إِنْفَطَرْتُنَّ	تَنْفَطِرْنَ	إِنْفَطِرْنَ	لاَ تَنْفَطِرْنَ
إِنْفَطَرْتُ	أَنْفَطِرُ	لِأَنْفَطِرْ	لاَ أَنْفَطِرْ
إِنْفَطَرْنَا	نَنْفَطِرُ	لِنَنْفَطِرْ	لاَ نَنْفَطِرْ

اسم الفاعل: مُنْفَطِرٌ ، مُنْفَطِرَانِ ، مُنْفَطِرُوْنَ ، مُنْفَطِرَةٌ ، مُنْفَطِرَتَانِ ، مُنْفَطِرَاتٌ .

Exercise 23

Conjugate the following verbs:

(1) إِنْكَسَرَ (2) إِنْكَشَفَ (3) إِنْقَلَبَ (4) إِنْعَقَدَ (5) إِنْصَرَفَ

باب افتعال

إِجْتَنَبَ يَجْتَنِبُ إِجْتِنَابًا فَهُوَ مُجْتَنِبٌ وَأُجْتُنِبَ يُجْتَنَبُ إِجْتِنَابًا فَهُوَ
مُجْتَنَبٌ اَلْأَمْرُ مِنْهُ إِجْتَنِبْ وَالنَّهْيُ عَنْهُ لاَ تَجْتَنِبْ

The sign of (باب افتعال) is the (ت) after the (فاء الكلمة).

Rule 1

If the (فاء الكلمة) of (باب افتعال) is (د), (ذ), or (ز), the (ت) of
(افتعال) is changed to (د). If the (فاء الكلمة) is a (د), then (إدغام -
assimilation) is compulsory, e.g. (إِدْتَعَوَ) changes to (إِدَّعَى).

If the (فاء الكلمة) of (باب افتعال) is (ذ), then after changing the
(ت) to (د), the following three changes are permissible:

(1) The (ذ) is changed to (د) and the rule of (إدغام) is applied,
e.g. (إِذْتَكَرَ) changes to (إِدَّكَرَ).

(2) Sometimes the (د) is changed to (ذ) and then the rule of (إدغام) is applied to the (فاء الكلمة), e.g. (إِذْتَكَرَ) changes to (إِذَّكَرَ).

(3) Sometimes the verb is left as it is without applying the rule of (إدغام), e.g. (إِذْدَكَرَ).

If the (فاء الكلمة) of (باب افتعال) is (ز), then after changing the (ت) to (د), the following two changes are permissible:

(1) the verb is left as it is without applying the rule of (إدغام), e.g. (إِزْدَجَرَ).

(2) Sometimes the (د) is changed to (ز) and then the rule of (إدغام) is applied to the (فاء الكلمة), e.g. (إِزْتَجَرَ) changes to (إِزَّجَرَ).

Rule 2

If the (فاء الكلمة) of (باب افتعال) is (ص), (ض), (ط), or (ظ), the (ت) of (افتعال) is changed to (ط). If the (فاء الكلمة) is a (ط), then it is compulsory to apply (إدغام) e.g. (إِطْتَلَبَ) changes to (إِطَّلَبَ).

If the (فاء الكلمة) of (باب افتعال) is (ظ), then after changing the (ت) to (ط), the following three changes are permissible:

(1) The (ظ) is changed to (ط) and the rule of (إدغام) is applied, e.g. (إِظْتَلَمَ) changes to (إِطَّلَمَ).

(2) the verb is left as it is without applying the rule of (إدغام), e.g. (إِظْطَلَمَ).

(3) The (ط) is changed to (ظ) and the rule of (إدغام) is applied, e.g. (إِظْتَلَمَ) changes to (إِظَّلَمَ).

If the (فاء الكلمة) of (باب افتعال) is (ص) or (ض), then after changing the (ت) to (ط), the following two possibilities are permissible:

(1) the verb is left as it is without applying the rule of (إدغام), e.g. (إِصْطَبَرَ) and (إِضْطَرَبَ).

(2) Sometimes the (ط) is changed to (ص) or (ض) and then the rule of (إدغام) is applied, e.g. (إِصْتَبَرَ) changes to (إِصَّبَرَ) and (إِضْتَرَبَ) changes to (إِضَّرَبَ).

Rule 3

If the (فاء الكلمة) of (باب افتعال) is (ث), then it is permissible to change the (ت) to (ث) and apply the rule of (إدغام), e.g. (إِثْتَارَ) changes to (إِثَّارَ).

Rule 4

If the (عين الكلمة) of (باب افتعال) is (ت), (ث), (ج), (ز), (د), (ذ), (س), (ش), (ص), (ض), (ط), or (ظ), then after changing the (ت) to the same letter as the (عين الكلمة), the (حركة) of the (ت) is transferred to the preceding letter and the rule of (إدغام) is applied. The (همزة الوصل) is deleted, e.g. (إِخْتَصَمَ) changes to (خَصَّمَ) and (إِهْتَدَيَ) changes to (هَدَّيَ).

(4.2) The (مضارع) of these verbs - (خَصَّمَ) and (هَدَّيَ) - will be (يَخَصِّمُ) and (يَهَدِّيْ).

(4.3) It is permissible to have a (كسرة) on the (فاء الكلمة), e.g. (خِصَّمَ يَخِصِّمُ) and (هِدَّيَ يَهِدِّيْ). The words (يَخِصِّمُوْنَ) and (يَهِدِّيْ) which have appeared in the Qur'ân are from this (باب).

(4.4) It is permissible to read a (ضمة) on the (فاء الكلمة) of the (اسم الفاعل). Therefore all three harakats are permissible, e.g. (مُخَصِّمٌ), (مُخِصِّمٌ), (مُخُصِّمٌ).

Some of the detailed paradigms of this verb follow hereunder.

الماضي المعروف	المضارع المعروف	الأمر المعروف	النهي المعروف
إِجْتَنَبَ	يَجْتَنِبُ	لِيَجْتَنِبْ	لاَ يَجْتَنِبْ
إِجْتَنَبَا	يَجْتَنِبَانِ	لِيَجْتَنِبَا	لاَ يَجْتَنِبَا
إِجْتَنَبُوْا	يَجْتَنِبُوْنَ	لِيَجْتَنِبُوْا	لاَ يَجْتَنِبُوْا
إِجْتَنَبَتْ	تَجْتَنِبُ	لِتَجْتَنِبْ	لاَ تَجْتَنِبْ
إِجْتَنَبَتَا	تَجْتَنِبَانِ	لِتَجْتَنِبَا	لاَ تَجْتَنِبَا
إِجْتَنَبْنَ	يَجْتَنِبْنَ	لِيَجْتَنِبْنَ	لاَ يَجْتَنِبْنَ
إِجْتَنَبْتَ	تَجْتَنِبُ	إِجْتَنِبْ	لاَ تَجْتَنِبْ
إِجْتَنَبْتُمَا	تَجْتَنِبَانِ	إِجْتَنِبَا	لاَ تَجْتَنِبَا
إِجْتَنَبْتُمْ	تَجْتَنِبُوْنَ	إِجْتَنِبُوْا	لاَ تَجْتَنِبُوْا
إِجْتَنَبْتِ	تَجْتَنِبِيْنَ	إِجْتَنِبِيْ	لاَ تَجْتَنِبِيْ
إِجْتَنَبْتُمَا	تَجْتَنِبَانِ	إِجْتَنِبَا	لاَ تَجْتَنِبَا
إِجْتَنَبْتُنَّ	تَجْتَنِبْنَ	إِجْتَنِبْنَ	لاَ تَجْتَنِبْنَ
إِجْتَنَبْتُ	أَجْتَنِبُ	لِأَجْتَنِبْ	لاَ أَجْتَنِبْ
إِجْتَنَبْنَا	نَجْتَنِبُ	لِنَجْتَنِبْ	لاَ نَجْتَنِبْ

اسم الفاعل: مُجْتَنِبٌ ، مُجْتَنِبَانِ ، مُجْتَنِبُوْنَ ، مُجْتَنِبَةٌ ، مُجْتَنِبَتَانِ ، مُجْتَنِبَاتٌ .

Exercise 24

Conjugate the following verbs:

(1) إِجْتَمَعَ (2) إِحْتَمَلَ (3) إِحْتَرَمَ (4) إِسْتَمَعَ (5) إِشْتَغَلَ

بَاب إِفْعِلَالٌ

إِحْمَرَّ يَحْمَرُّ إِحْمِرَارًا فَهُوَ مُحْمَرٌّ اَلْأَمْرُ مِنْهُ إِحْمَرَّ إِحْمَرِّ إِحْمَرِرْ
وَالنَّهْيُ عَنْهُ لَا تَحْمَرَّ لَا تَحْمَرِّ لَا تَحْمَرِرْ

The sign of (باب إفعلال) is the repetition of the (لام الكلمة) and four letters after the (همزة الوصل) in the (الفعل الماضي). The (لام الكلمة) of this (باب) is always (مشدّد) except in (ناقص).[12]

Some of the detailed paradigms of this verb follow hereunder.

---

[12] The rules of (ناقص) will be discussed later.

←

النهي المعروف	الأمر المعروف	المضارع المعروف	الماضي المعروف
لاَ يَحْمَرَّ	لِيَحْمَرَّ	يَحْمَرُّ	إِحْمَرَّ
لاَ يَحْمَرَّا	لِيَحْمَرَّا	يَحْمَرَّانِ	إِحْمَرَّا
لاَ يَحْمَرُّوْا	لِيَحْمَرُّوْا	يَحْمَرُّوْنَ	إِحْمَرُّوْا
لاَ تَحْمَرَّ	لِتَحْمَرَّ	تَحْمَرُّ	إِحْمَرَّتْ
لاَ تَحْمَرَّا	لِتَحْمَرَّا	تَحْمَرَّانِ	إِحْمَرَّتَا
لاَ يَحْمَرِرْنَ	لِيَحْمَرِرْنَ	يَحْمَرِرْنَ	إِحْمَرَرْنَ
لاَ تَحْمَرَّ	إِحْمَرَّ	تَحْمَرُّ	إِحْمَرَرْتَ
لاَ تَحْمَرَّا	إِحْمَرَّا	تَحْمَرَّانِ	إِحْمَرَرْتُمَا
لاَ تَحْمَرُّوْا	إِحْمَرُّوْا	تَحْمَرُّوْنَ	إِحْمَرَرْتُمْ
لاَ تَحْمَرِّيْ	إِحْمَرِّيْ	تَحْمَرِّيْنَ	إِحْمَرَرْتِ
لاَ تَحْمَرَّا	إِحْمَرَّا	تَحْمَرَّانِ	إِحْمَرَرْتُمَا
لاَ تَحْمَرِرْنَ	إِحْمَرِرْنَ	تَحْمَرِرْنَ	إِحْمَرَرْتُنَّ
لاَ أَحْمَرَّ	لِأَحْمَرَّ	أَحْمَرُّ	إِحْمَرَرْتُ
لاَ نَحْمَرَّ	لِنَحْمَرَّ	نَحْمَرُّ	إِحْمَرَرْنَا

اسم الفاعل: مُحْمَرٌّ ، مُحْمَرَّانِ ، مُحْمَرُّوْنَ ، مُحْمَرَّةٌ ، مُحْمَرَّتَانِ ، مُحْمَرَّاتٌ .

Exercise 25

Conjugate the following verbs:

(1) إِسْوَدَّ (2) إِخْضَرَّ (3) إِغْبَرَّ (4) إِصْفَرَّ (5) إِبْيَضَّ

باب تَفَعُّلٌ

تَقَبَّلَ يَتَقَبَّلُ تَقَبُّلًا فَهُوَ مُتَقَبِّلٌ وَتُقُبِّلَ يُتَقَبَّلُ تَقَبُّلًا فَهُوَ مُتَقَبَّلٌ اَلْأَمْرُ مِنْهُ تَقَبَّلْ وَالنَّهْيُ عَنهُ لاَ تَتَقَبَّلْ

The sign of (باب تفعّل) is the tashdīd of the (عين الكلمة) and (ت) precedes the (فاء الكلمة) in the (الفعل الماضي).

Some of the detailed paradigms of this verb follow hereunder.

الماضي المعروف	المضارع المعروف	الأمر المعروف	النهي المعروف
تَقَبَّلَ	يَتَقَبَّلُ	لِيَتَقَبَّلْ	لاَ يَتَقَبَّلْ
تَقَبَّلاَ	يَتَقَبَّلاَنِ	لِيَتَقَبَّلاَ	لاَ يَتَقَبَّلاَ
تَقَبَّلُوْا	يَتَقَبَّلُوْنَ	لِيَتَقَبَّلُوْا	لاَ يَتَقَبَّلُوْا
تَقَبَّلَتْ	تَتَقَبَّلُ	لِتَتَقَبَّلْ	لاَ تَتَقَبَّلْ
تَقَبَّلَتَا	تَتَقَبَّلاَنِ	لِتَتَقَبَّلاَ	لاَ تَتَقَبَّلاَ
تَقَبَّلْنَ	يَتَقَبَّلْنَ	لِيَتَقَبَّلْنَ	لاَ يَتَقَبَّلْنَ
تَقَبَّلْتَ	تَتَقَبَّلُ	تَقَبَّلْ	لاَ تَتَقَبَّلْ
تَقَبَّلْتُمَا	تَتَقَبَّلاَنِ	تَقَبَّلاَ	لاَ تَتَقَبَّلاَ
تَقَبَّلْتُمْ	تَتَقَبَّلُوْنَ	تَقَبَّلُوْا	لاَ تَتَقَبَّلُوْا
تَقَبَّلْتِ	تَتَقَبَّلِيْنَ	تَقَبَّلِيْ	لاَ تَتَقَبَّلِيْ
تَقَبَّلْتُمَا	تَتَقَبَّلاَنِ	تَقَبَّلاَ	لاَ تَتَقَبَّلاَ
تَقَبَّلْتُنَّ	تَتَقَبَّلْنَ	تَقَبَّلْنَ	لاَ تَتَقَبَّلْنَ
تَقَبَّلْتُ	أَتَقَبَّلُ	لِأَتَقَبَّلْ	لاَ أَتَقَبَّلْ
تَقَبَّلْنَا	نَتَقَبَّلُ	لِنَتَقَبَّلْ	لاَ نَتَقَبَّلْ

اسم الفاعل: مُتَقَبِّلٌ ، مُتَقَبِّلاَنِ ، مُتَقَبِّلُوْنَ ، مُتَقَبِّلَةٌ ، مُتَقَبِّلَتَانِ ، مُتَقَبِّلاَتٌ .

Exercise 26

Conjugate the following verbs:

(1) تَسَلَّمَ (2) تَقَدَّمَ (3) تَكَلَّمَ (4) تَعَجَّبَ (5) تَعَلَّمَ

باب تَفَاعُلٌ

تَقَابَلَ يَتَقَابَلُ تَقَابُلاً فَهُوَ مُتَقَابِلٌ وَتُقُوْبِلَ يُتَقَابَلُ تَقَابُلاً فَهُوَ مُتَقَابَلٌ
اَلْأَمْرُ مِنْهُ تَقَابَلْ وَالنَّهْيُ عَنهُ لاَ تَتَقَابَلْ

The sign of (باب تفاعل) is that the (ت) precedes the (فاء الكلمة) in the (الفعل الماضي) and there is an extra (الف) after the (فاء الكلمة).

Rule 1

In (باب تفعّل) and (باب تفاعل), when two (ت)'s are adjacent to one another in the (فعل مضارع), it is permissible to delete one, e.g.

(تَتَقَبَّلُ) ⟶ (تَقَبَّلُ)

(تَتَظَاهَرُوْنَ) ⟶ (تَظَاهَرُوْنَ).

Rule 2

If the (فاء الكلمة) of (باب تفعّل) and (باب تفاعل) is (ت), (ث), (ج), (د) ,(ذ), (ز), (س), (ش), (ص), (ض), (ط) or (ظ), it is permissible to change the (ت) into the (فاء الكلمة) and apply the rule of (إدغام). In this case, the (الفعل الماضي) and (أمر) require a (همزة الوصل) at the beginning. The (باب إِفَّعُّلٌ) and (باب إِفَّاعُلٌ) have been created due to this rule.

Examples:

(تَطَهَّرَ)⟶ (طْطَهَّرَ) ⟶ (إِطَّهَّرَ)

(تَثَاقَلَ) ⟶ (ثْثَاقَلَ) ⟶ (إِثَّاقَلَ)

باب إِفَّعُّلٌ ــ إِطَّهَّرَ يَطَّهَّرُ إِطَّهُّرًا فهو مُطَّهِّرٌ الأمر منه إِطَّهَّرْ والنهي عنه لاَ تَطَّهَّرْ

باب إِفَّاعُلٌ ــ إِثَّاقَلَ يَثَّاقَلُ إِثَّاقُلًا فهو مُثَّاقِلٌ الأمر منه إِثَّاقَلْ والنهي عنه لاَ تَثَّاقَلْ

Some of the detailed paradigms of this verb follow hereunder.

الماضي المعروف	المضارع المعروف	الأمر المعروف	النهي المعروف
تَقَابَلَ	يَتَقَابَلُ	لِيَتَقَابَلْ	لاَ يَتَقَابَلْ
تَقَابَلاَ	يَتَقَابَلاَنِ	لِيَتَقَابَلاَ	لاَ يَتَقَابَلاَ
تَقَابَلُوْا	يَتَقَابَلُوْنَ	لِيَتَقَابَلُوْا	لاَ يَتَقَابَلُوْا
تَقَابَلَتْ	تَتَقَابَلُ	لِتَتَقَابَلْ	لاَ تَتَقَابَلْ
تَقَابَلَتَا	تَتَقَابَلاَنِ	لِتَتَقَابَلاَ	لاَ تَتَقَابَلاَ
تَقَابَلْنَ	يَتَقَابَلْنَ	لِيَتَقَابَلْنَ	لاَ يَتَقَابَلْنَ
تَقَبَّلْتَ	تَتَقَابَلُ	تَقَابَلْ	لاَ تَتَقَابَلْ
تَقَابَلْتُمَا	تَتَقَابَلاَنِ	تَقَابَلاَ	لاَ تَتَقَابَلاَ
تَقَابَلْتُمْ	تَتَقَابَلُوْنَ	تَقَابَلُوْا	لاَ تَتَقَابَلُوْا
تَقَبَّلْتِ	تَتَقَابَلِيْنَ	تَقَابَلِيْ	لاَ تَتَقَابَلِيْ
تَقَابَلْتُمَا	تَتَقَابَلاَنِ	تَقَابَلاَ	لاَ تَتَقَابَلاَ
تَقَابَلْتُنَّ	تَتَقَابَلْنَ	تَقَابَلْنَ	لاَ تَتَقَابَلْنَ
تَقَابَلْتُ	أَتَقَابَلُ	لِأَتَقَابَلْ	لاَ أَتَقَابَلْ
تَقَابَلْنَا	نَتَقَابَلُ	لِنَتَقَابَلْ	لاَ نَتَقَابَلْ

اسم الفاعل: مُتَقَابِلٌ ، مُتَقَابِلاَنِ ، مُتَقَابِلُوْنَ ، مُتَقَابِلَةٌ ، مُتَقَابِلَتَانِ ، مُتَقَابِلاَتٌ .

Exercise 27

Conjugate the following verbs:

(1) تَحَادَثَ (2) تَقَاتَلَ (3) تَفَارَقَ (4) تَظَاهَرَ (5) تَخَاصَمَ

باب إِسْتِفْعَالٌ

إِسْتَنْصَرَ يَسْتَنْصِرُ إِسْتِنْصَارًا فَهُوَ مُسْتَنْصِرٌ وَأُسْتُنْصِرَ يُسْتَنْصَرُ إِسْتِنْصَارًا
فَهُوَ مُسْتَنْصَرٌ الأمر منه إِسْتَنْصِرْ والنهي عنه لاَ تَسْتَنْصِرْ

The sign of (باب إِسْتِفْعَالٌ) is the extra (س) and (ت) before the (فاء الكلمة).

It is permissible to delete the (ت) from the verb (إِسْتَطَاعَ يَسْتَطِيْعُ). The verbs (فَمَا اسْطَاعُوْا) and (مَا لَمْ تَسْطِعْ) mentioned in the Qur'ân are from this (باب).

Some of the detailed paradigms of this verb follow hereunder.

الماضي المعروف	المضارع المعروف	الأمر المعروف	النهي المعروف
إِسْتَنْصَرَ	يَسْتَنْصِرُ	لِيَسْتَنْصِرْ	لاَ يَسْتَنْصِرْ
إِسْتَنْصَرَا	يَسْتَنْصِرَانِ	لِيَسْتَنْصِرَا	لاَ يَسْتَنْصِرَا
إِسْتَنْصَرُوْا	يَسْتَنْصِرُوْنَ	لِيَسْتَنْصِرُوْا	لاَ يَسْتَنْصِرُوْا
إِسْتَنْصَرَتْ	تَسْتَنْصِرُ	لِتَسْتَنْصِرْ	لاَ تَسْتَنْصِرْ
إِسْتَنْصَرَتَا	تَسْتَنْصِرَانِ	لِتَسْتَنْصِرَا	لاَ تَسْتَنْصِرَا
إِسْتَنْصَرْنَ	يَسْتَنْصِرْنَ	لِيَسْتَنْصِرْنَ	لاَ يَسْتَنْصِرْنَ
إِسْتَنْصَرْتَ	تَسْتَنْصِرُ	إِسْتَنْصِرْ	لاَ تَسْتَنْصِرْ
إِسْتَنْصَرْتُمَا	تَسْتَنْصِرَانِ	إِسْتَنْصِرَا	لاَ تَسْتَنْصِرَا
إِسْتَنْصَرْتُمْ	تَسْتَنْصِرُوْنَ	إِسْتَنْصِرُوْا	لاَ تَسْتَنْصِرُوْا
إِسْتَنْصَرْتِ	تَسْتَنْصِرِيْنَ	إِسْتَنْصِرِيْ	لاَ تَسْتَنْصِرِيْ
إِسْتَنْصَرْتُمَا	تَسْتَنْصِرَانِ	إِسْتَنْصِرَا	لاَ تَسْتَنْصِرَا
إِسْتَنْصَرْتُنَّ	تَسْتَنْصِرْنَ	إِسْتَنْصِرْنَ	لاَ تَسْتَنْصِرْنَ
إِسْتَنْصَرْتُ	أَسْتَنْصِرُ	لِأَسْتَنْصِرْ	لاَ أَسْتَنْصِرْ
إِسْتَنْصَرْنَا	نَسْتَنْصِرُ	لِنَسْتَنْصِرْ	لاَ نَسْتَنْصِرْ

اسم الفاعل: مُسْتَنْصِرٌ ، مُسْتَنْصِرَانِ ، مُسْتَنْصِرُوْنَ ، مُسْتَنْصِرَةٌ ، مُسْتَنْصِرَتَانِ ، مُسْتَنْصِرَاتٌ .

Exercise 28

Conjugate the following verbs:

(1) إِسْتَحْسَنَ (2) إِسْتَقْبَلَ (3) إِسْتَعْلَمَ (4) إِسْتَشْهَدَ (5) إِسْتَخْدَمَ

باب إِفْعِيْعَالٌ

إِخْشَوْشَنَ يَخْشَوْشِنُ إِخْشِيْشَانًا فَهُوَ مُخْشَوْشِنٌ الأمر منه إِخْشَوْشِنْ والنهي عنه لاَ تَخْشَوْشِنْ

The sign of (باب إِفْعِيْعَالٌ) is the repetition of the (ع) and the appearance of a (و) between the two (ع)'s. This (و) has changed to a (ي) in the (مصدر) due to the preceding (كسرة). This (باب) is mostly intransitive (لازم).

Some of the detailed paradigms of this verb follow hereunder.

الماضي المعروف	المضارع المعروف	الأمر المعروف	النهي المعروف
إِخْشَوْشَنَ	يَخْشَوْشِنُ	لِيَخْشَوْشِنْ	لاَ يَخْشَوْشِنْ
إِخْشَوْشَنَا	يَخْشَوْشِنَانِ	لِيَخْشَوْشِنَا	لاَ يَخْشَوْشِنَا
إِخْشَوْشَنُوْا	يَخْشَوْشِنُوْنَ	لِيَخْشَوْشِنُوْا	لاَ يَخْشَوْشِنُوْا
إِخْشَوْشَنَتْ	تَخْشَوْشِنُ	لِتَخْشَوْشِنْ	لاَ تَخْشَوْشِنْ
إِخْشَوْشَنَتَا	تَخْشَوْشِنَانِ	لِتَخْشَوْشِنَا	لاَ تَخْشَوْشِنَا
إِخْشَوْشَنَّ	يَخْشَوْشِنَّ	لِيَخْشَوْشِنَّ	لاَ يَخْشَوْشِنَّ
إِخْشَوْشَنْتَ	تَخْشَوْشِنُ	إِخْشَوْشِنْ	لاَ تَخْشَوْشِنْ
إِخْشَوْشَنْتُمَا	تَخْشَوْشِنَانِ	إِخْشَوْشِنَا	لاَ تَخْشَوْشِنَا
إِخْشَوْشَنْتُمْ	تَخْشَوْشِنُوْنَ	إِخْشَوْشِنُوْا	لاَ تَخْشَوْشِنُوْا
إِخْشَوْشَنْتِ	تَخْشَوْشِنِيْنَ	إِخْشَوْشِنِيْ	لاَ تَخْشَوْشِنِيْ
إِسْتَنْصَرْتُمَا	تَخْشَوْشِنَانِ	إِخْشَوْشِنَا	لاَ تَخْشَوْشِنَا
إِخْشَوْشَنْتُنَّ	تَخْشَوْشِنَّ	إِخْشَوْشِنَّ	لاَ تَخْشَوْشِنَّ
إِخْشَوْشَنْتُ	أَخْشَوْشِنُ	لِأَخْشَوْشِنْ	لاَ أَخْشَوْشِنْ
إِخْشَوْشَنَّا	نَخْشَوْشِنُ	لِنَخْشَوْشِنْ	لاَ نَخْشَوْشِنْ

اسم الفاعل: مُخْشَوْشِنٌ ، مُخْشَوْشِنَانِ ، مُخْشَوْشِنُوْنَ ، مُخْشَوْشِنَةٌ ، مُخْشَوْشِنَتَانِ ، مُخْشَوْشِنَاتٌ .

Exercise 29

Conjugate the following verbs:

(1) إِحْدَوْدَبَ (2) إِمْلَوْلَحَ (3) إِخْلَوْلَقَ

باب إِفْعِيْلَالٌ

إِدْهَامَّ يَدْهَامُّ إِدْهِيْمَامًا فَهُوَ مُدْهَامٌّ الأمر منه إِدْهَامَّ إِدْهَامِّ إِدْهَامِمْ

والنهي عنه لاَ تَدْهَامَّ لاَ تَدْهَامِّ لاَ تَدْهَامِمْ

The sign of (باب إِفْعِيْلَالٌ) is the repetition of the (ل) and the appearance of an extra (الف) before the first (ل) in the (الفعل الماضي). This (الف) changes to a (ي) in the (مصدر).

The (إدغام) in this (باب) is similar to the (إدغام) of (باب إِفْعِلَال). The verbs of (باب إِفْعِلَال) and (باب إِفْعِيْلَالٌ) mostly have the meanings of colours and defects and they are intransitive (لازم).

Some of the detailed paradigms of this verb follow hereunder.

النهي المعروف	الأمر المعروف	المضارع المعروف	الماضي المعروف
لَا يَدْهَامَّ	لِيَدْهَامَّ	يَدْهَامُّ	إِدْهَامَّ
لَا يَدْهَامَّا	لِيَدْهَامَّا	يَدْهَامَّانِ	إِدْهَامَّا
لَا يَدْهَامُّوْا	لِيَدْهَامُّوْا	يَدْهَامُّوْنَ	إِدْهَامُّوْا
لَا تَدْهَامَّ	لِتَدْهَامَّ	تَدْهَامُّ	إِدْهَامَّتْ
لَا تَدْهَامَّا	لِتَدْهَامَّا	تَدْهَامَّانِ	إِدْهَامَّتَا
لَا يَدْهَامِمْنَ	لِيَدْهَامِمْنَ	يَدْهَامِمْنَ	إِدْهَامَمْنَ
لَا تَدْهَامَّ	إِدْهَامَّ	تَدْهَامُّ	إِدْهَامَمْتَ
لَا تَدْهَامَّا	إِدْهَامَّا	تَدْهَامَّانِ	إِدْهَامَمْتُمَا
لَا تَدْهَامُّوْا	إِدْهَامُّوْا	تَدْهَامُّوْنَ	إِدْهَامَمْتُمْ
لَا تَدْهَامِّيْ	إِدْهَامِّيْ	تَدْهَامِّيْنَ	إِدْهَامَمْتِ
لَا تَدْهَامَّا	إِدْهَامَّا	تَدْهَامَّانِ	إِدْهَامَمْتُمَا
لَا تَدْهَامِمْنَ	إِدْهَامِمْنَ	تَدْهَامِمْنَ	إِدْهَامَمْتُنَّ
لَا أَدْهَامَّ	لِأَدْهَامَّ	أَدْهَامُّ	إِدْهَامَمْتُ
لَا نَدْهَامَّ	لِنَدْهَامَّ	نَدْهَامُّ	إِدْهَامَمْنَا

اسم الفاعل: مُدْهَامٌّ ، مُدْهَامَّانِ ، مُدْهَامُّوْنَ ، مُدْهَامَّةٌ ، مُدْهَامَّتَانِ ، مُدْهَامَّاتٌ .

Exercise 30

Conjugate the following verbs:

(1) إِشْهَابَّ (2) إِكْمَاتَّ (3) إِسْمَارَّ (4) إِحْمَارَّ

باب إِفْعِوَّالٌ

إِجْلَوَّذَ يَجْلَوِّذُ إِجْلِوَّاذًا فَهُوَ مُجْلَوِّذٌ الأمر منه إِجْلَوِّذْ والنهي عنه لاَ تَجْلَوِّذْ

The sign of (باب إِفْعِوَّالٌ) is the (وّ) after the (عين الكلمة).

Some of the detailed paradigms of this verb follow hereunder.

الماضي المعروف	المضارع المعروف	الأمر المعروف	النهي المعروف
إِجْلَوَّذَ	يَجْلَوِّذُ	لِيَجْلَوِّذْ	لاَ يَجْلَوِّذْ
إِجْلَوَّذَا	يَجْلَوِّذَانِ	لِيَجْلَوِّذَا	لاَ يَجْلَوِّذَا
إِجْلَوَّذُوْا	يَجْلَوِّذُوْنَ	لِيَجْلَوِّذُوْا	لاَ يَجْلَوِّذُوْا
إِجْلَوَّذَتْ	تَجْلَوِّذُ	لِتَجْلَوِّذْ	لاَ تَجْلَوِّذْ
إِجْلَوَّذَتَا	تَجْلَوِّذَانِ	لِتَجْلَوِّذَا	لاَ تَجْلَوِّذَا
إِجْلَوَّذْنَ	يَجْلَوِّذْنَ	لِيَجْلَوِّذْنَ	لاَ يَجْلَوِّذْنَ
إِجْلَوَّذْتَ	تَجْلَوِّذُ	إِجْلَوِّذْ	لاَ تَجْلَوِّذْ
إِجْلَوَّذْتُمَا	تَجْلَوِّذَانِ	إِجْلَوِّذَا	لاَ تَجْلَوِّذَا
إِجْلَوَّذْتُمْ	تَجْلَوِّذُوْنَ	إِجْلَوِّذُوْا	لاَ تَجْلَوِّذُوْا
إِجْلَوَّذْتِ	تَجْلَوِّذِيْنَ	إِجْلَوِّذِيْ	لاَ تَجْلَوِّذِيْ
إِجْلَوَّذْتُمَا	تَجْلَوِّذَانِ	إِجْلَوِّذَا	لاَ تَجْلَوِّذَا
إِجْلَوَّذْتُنَّ	تَجْلَوِّذْنَ	إِجْلَوِّذْنَ	لاَ تَجْلَوِّذْنَ
إِجْلَوَّذْتُ	أَجْلَوِّذُ	لِأَجْلَوِّذْ	لاَ أَجْلَوِّذْ
إِجْلَوَّذْنَا	نَجْلَوِّذُ	لِنَجْلَوِّذْ	لاَ نَجْلَوِّذْ

اسم الفاعل: مُجْلَوِّذٌ ، مُجْلَوِّذَانِ ، مُجْلَوِّذُوْنَ ، مُجْلَوِّذَةٌ ، مُجْلَوِّذَتَانِ ، مُجْلَوِّذَاتٌ .

Exercise 31

(A) Conjugate the following verbs:

(1) إِخْرَوَّطَ

(2) إِعْلَوَّطَ

(B) What is the (صيغة) of the following words:

(1) مُجْلَوِّذُوْنَ

(2) لِيَجْلَوِّذَنَّ

(3) لاَ تَعْلَوِّطِيْ

(4) مُخْرَوَّطَةٌ

(5) إِجْلَوِّذَا

(6) إِخْرَوَّطْتُنَّ

(7) إِعْلَوَّطْنَا

(8) إِحْمَارَرْتُ

(9) يَكْمَاتَّانِ

(10) لاَ تَسْمَارِرْنَ

Four-Root letter Verbs

The (أبواب) of (رباعي)

رباعي مجرد ــ باب فَعْلَلَةٌ

بَعْثَرَ يُبَعْثِرُ بَعْثَرَةً فَهُوَ مُبَعْثِرٌ وَ بُعْثِرَ يُبَعْثَرُ بَعْثَرَةً فَهُوَ مُبَعْثَرٌ الأمر منه
بَعْثِرْ والنهي عنه لاَ تُبَعْثِرْ

The sign of (باب فَعْلَلَةٌ) is the presence of four root letters in the (الفعل الماضي). The (علامة المضارع) of this (باب) is (مضموم).

The rule for the (حركة) of the (علامة المضارع) is that if the (الفعل الماضي) has four letters, whether root letters or extra letters, the (علامة المضارع) will be (مضموم) even in the active tense (معروف), e.g. (يُكْرِمُ), (يُصَرِّفُ), (يُقَاتِلُ), (يُبَعْثِرُ). If the (الفعل الماضي) has less than or more than four letters, the (علامة) of the (المضارع) will be (مفتوح), e.g. (يَنْصُرُ), (يَجْتَنِبُ), (يَتَقَابَلُ).

Four-root letter verbs are of three types:

(1) those of genuine four-radical origin, e.g. (تَرْجَمَ) – to translate.

(2) verbs formed by the doubling of a biliteral root, e.g. (غَرْغَرَ) –

to gargle, (تَمْتَمَ) – to stammer.

(3) composite roots taken from a familiar phrase or combination of roots, e.g. (حَمْدَلَ) – to say Al-hamdulillāh, (بَسْمَلَ) – to say Bismillāh.

Some of the detailed paradigms of this verb follow hereunder.

الماضي المعروف	المضارع المعروف	الأمر المعروف	النهي المعروف
بَعْثَرَ	يُبَعْثِرُ	لِيُبَعْثِرْ	لاَ يُبَعْثِرْ
بَعْثَرَا	يُبَعْثِرَان	لِيُبَعْثِرَا	لاَ يُبَعْثِرَا
بَعْثَرُوْا	يُبَعْثِرُوْنَ	لِيُبَعْثِرُوْا	لاَ يُبَعْثِرُوْا
بَعْثَرَتْ	تُبَعْثِرُ	لِتُبَعْثِرْ	لاَ تُبَعْثِرْ
بَعْثَرَتَا	تُبَعْثِرَان	لِتُبَعْثِرَا	لاَ تُبَعْثِرَا
بَعْثَرْنَ	يُبَعْثِرْنَ	لِيُبَعْثِرْنَ	لاَ يُبَعْثِرْنَ
بَعْثَرْتَ	تُبَعْثِرُ	بَعْثِرْ	لاَ تُبَعْثِرْ
بَعْثَرْتُمَا	تُبَعْثِرَان	بَعْثِرَا	لاَ تُبَعْثِرَا
بَعْثَرْتُمْ	تُبَعْثِرُوْنَ	بَعْثِرُوْا	لاَ تُبَعْثِرُوْا
بَعْثَرْتِ	تُبَعْثِرِيْنَ	بَعْثِرِيْ	لاَ تُبَعْثِرِيْ
بَعْثَرْتُمَا	تُبَعْثِرَان	بَعْثِرَا	لاَ تُبَعْثِرَا
بَعْثَرْتُنَّ	تُبَعْثِرْنَ	بَعْثِرْنَ	لاَ تُبَعْثِرْنَ
بَعْثَرْتُ	أُبَعْثِرُ	لِأُبَعْثِرْ	لاَ أُبَعْثِرْ
بَعْثَرْنَا	نُبَعْثِرُ	لِنُبَعْثِرْ	لاَ نُبَعْثِرْ

اسم الفاعل: مُبَعْثِرٌ ، مُبَعْثِرَانِ ، مُبَعْثِرُوْنَ ، مُبَعْثِرَةٌ ، مُبَعْثِرَتَانِ ، مُبَعْثِرَاتٌ .

Exercise 32

Conjugate the following verbs:

(1) دَحْرَجَ

(2) عَسْكَرَ

(3) زَخْرَفَ

(4) هَنْدَسَ

(5) قَنْطَرَ

(B) What is the (صيغة) of the following words:

(1) لَا تُدَحْرِجْ

(2) مُعَسْكَرٌ

(3) لَا تُدَمْدِمِيْ

(4) زَلْزِلْ

(5) مُهَنْدِسٌ

(6) يُقَنْطِرُوْنَ

(7) فَرْقَعْتُمْ

(8) خَلْخِلُوْا

(9) مُرَفْرِفَةٌ

(10) لَا تُزَخْرِفْنَ

The Derived Forms of Four-Root Letter Verbs

رباعي مزيد فيه

باب تَفَعْلُلٌ

تَسَرْبَلَ يَتَسَرْبَلُ تَسَرْبُلًا فَهُوَ مُتَسَرْبِلٌ الأمر منه تَسَرْبَلْ والنهي عنه لاَ تَتَسَرْبَلْ

The sign of (باب تَفَعْلُلٌ) is the extra (ت) before the four root letters.

Some of the detailed paradigms of this verb follow hereunder.

النهي المعروف	الأمر المعروف	المضارع المعروف	الماضي المعروف
لاَ يَتَسَرْبَلْ	لِيَتَسَرْبَلْ	يَتَسَرْبَلُ	تَسَرْبَلَ
لاَ يَتَسَرْبَلاَ	لِيَتَسَرْبَلاَ	يَتَسَرْبَلاَنِ	تَسَرْبَلاَ
لاَ يَتَسَرْبَلُوْا	لِيَتَسَرْبَلُوْا	يَتَسَرْبَلُوْنَ	تَسَرْبَلُوْا
لاَ تَتَسَرْبَلْ	لِتَتَسَرْبَلْ	تَتَسَرْبَلُ	تَسَرْبَلَتْ
لاَ تَتَسَرْبَلاَ	لِتَتَسَرْبَلاَ	تَتَسَرْبَلاَنِ	تَسَرْبَلَتَا
لاَ يَتَسَرْبَلْنَ	لِيَتَسَرْبَلْنَ	يَتَسَرْبَلْنَ	تَسَرْبَلْنَ
لاَ تَتَسَرْبَلْ	تَسَرْبَلْ	تَتَسَرْبَلُ	تَسَرْبَلْتَ
لاَ تَتَسَرْبَلاَ	تَسَرْبَلاَ	تَتَسَرْبَلاَنِ	تَسَرْبَلْتُمَا
لاَ تَتَسَرْبَلُوْا	تَسَرْبَلُوْا	تَتَسَرْبَلُوْنَ	تَسَرْبَلْتُمْ
لاَ تَتَسَرْبَلِيْ	تَسَرْبَلِيْ	تَتَسَرْبَلِيْنَ	تَسَرْبَلْتِ
لاَ تَتَسَرْبَلاَ	تَسَرْبَلاَ	تَتَسَرْبَلاَنِ	تَسَرْبَلْتُمَا
لاَ تَتَسَرْبَلْنَ	تَسَرْبَلْنَ	تَتَسَرْبَلْنَ	تَسَرْبَلْتُنَّ
لاَ أَتَسَرْبَلْ	لِأَتَسَرْبَلْ	أَتَسَرْبَلُ	تَسَرْبَلْتُ
لاَ نَتَسَرْبَلْ	لِنَتَسَرْبَلْ	نَتَسَرْبَلُ	تَسَرْبَلْنَا

اسم الفاعل: مُتَسَرْبِلٌ ، مُتَسَرْبِلاَنِ ، مُتَسَرْبِلُوْنَ ، مُتَسَرْبِلَةٌ ، مُتَسَرْبِلَتَانِ ، مُتَسَرْبِلاَتٌ .

Exercise 33

Conjugate the following verbs:

(1) تَمَذْهَبَ (2) تَسَرْبَلَ (3) تَزَنْدَقَ (4) تَبَخْتَرَ (5) تَمَسْلَمَ

باب إِفْعِلَّالٌ

إِقْشَعَرَّ يَقْشَعِرُّ إِقْشِعْرَارًا فَهُوَ مُقْشَعِرٌّ الأمر منه إِقْشَعِرَّ إِقْشَعِرِّ إِقْشَعْرِرْ

والنهي عنه لَاَ تَقْشَعِرَّ لَاَ تَقْشَعِرِّ لَاَ تَقْشَعْرِرْ

The sign of (باب إِفْعِلَّالٌ) is having four root letters, the repetition of the second (ل) and the inclusion of (همزة الوصل) in the (الفعل الماضي) and (أمر).

Some of the detailed paradigms of this verb follow hereunder.

الماضي المعروف	المضارع المعروف	الأمر المعروف	النهي المعروف
إِقْشَعَرَّ	يَقْشَعِرُّ	لِيَقْشَعِرَّ	لَا يَقْشَعِرَّ
إِقْشَعَرَّا	يَقْشَعِرَّانِ	لِيَقْشَعِرَّا	لَا يَقْشَعِرَّا
إِقْشَعَرُّوْا	يَقْشَعِرُّوْنَ	لِيَقْشَعِرُّوْا	لَا يَقْشَعِرُّوْا
إِقْشَعَرَّتْ	تَقْشَعِرُّ	لِتَقْشَعِرَّ	لَا تَقْشَعِرَّ
إِقْشَعَرَّتَا	تَقْشَعِرَّانِ	لِتَقْشَعِرَّا	لَا تَقْشَعِرَّا
إِقْشَعَرَرْنَ	يَقْشَعْرِرْنَ	لِيَقْشَعْرِرْنَ	لَا يَقْشَعْرِرْنَ
إِقْشَعَرَرْتَ	تَقْشَعِرُّ	إِقْشَعِرَّ	لَا تَقْشَعِرَّ
إِقْشَعَرَرْتُمَا	تَقْشَعِرَّانِ	إِقْشَعِرَّا	لَا تَقْشَعِرَّا
إِقْشَعَرَرْتُمْ	تَقْشَعِرُّوْنَ	إِقْشَعِرُّوْا	لَا تَقْشَعِرُّوْا
إِقْشَعَرَرْتِ	تَقْشَعِرِّيْنَ	إِقْشَعِرِّيْ	لَا تَقْشَعِرِّيْ
إِقْشَعَرَرْتُمَا	تَقْشَعِرَّانِ	إِقْشَعِرَّا	لَا تَقْشَعِرَّا
إِقْشَعَرَرْتُنَّ	تَقْشَعْرِرْنَ	إِقْشَعْرِرْنَ	لَا تَقْشَعْرِرْنَ
إِقْشَعَرَرْتُ	أَقْشَعِرُّ	لِأَقْشَعِرَّ	لَا أَقْشَعِرَّ
إِقْشَعَرَرْنَا	نَقْشَعِرُّ	لِنَقْشَعِرَّ	لَا نَقْشَعِرَّ

اسم الفاعل: مُقْشَعِرٌّ ، مُقْشَعِرَّانِ ، مُقْشَعِرُّوْنَ ، مُقْشَعِرَّةٌ ، مُقْشَعِرَّتَانِ ، مُقْشَعِرَّاتٌ .

Exercise 34

Conjugate the following verbs:

(1) إِضْمَحَلَّ (2) إِطْمَأَنَّ (3) إِقْمَطَرَّ (4) إِشْفَتَرَّ (5) إِزْمَهَرَّ

باب إِفْعِنْلَالٌ

إِبْرَنْشَقَ يَبْرَنْشِقُ إِبْرِنْشَاقًا فَهُوَ مُبْرَنْشِقٌ الأمر منه إِبْرَنْشِقْ والنهي عنه لاَ تَبْرَنْشِقْ

The sign of (باب إِفْعِنْلَالٌ) is the inclusion of (همزة الوصل) in the (الفعل الماضي) and (أمر) and the extra (ن) after the (ع).

Some of the detailed paradigms of this verb follow hereunder.

الماضي المعروف	المضارع المعروف	الأمر المعروف	النهي المعروف
إِبْرَنْشَقَ	يَبْرَنْشِقُ	لِيَبْرَنْشِقْ	لَا يَبْرَنْشِقْ
إِبْرَنْشَقَا	يَبْرَنْشِقَانِ	لِيَبْرَنْشِقَا	لَا يَبْرَنْشِقَا
إِبْرَنْشَقُوْا	يَبْرَنْشِقُوْنَ	لِيَبْرَنْشِقُوْا	لَا يَبْرَنْشِقُوْا
إِبْرَنْشَقَتْ	تَبْرَنْشِقُ	لِتَبْرَنْشِقْ	لَا تَبْرَنْشِقْ
إِبْرَنْشَقَتَا	تَبْرَنْشِقَانِ	لِتَبْرَنْشِقَا	لَا تَبْرَنْشِقَا
إِبْرَنْشَقْنَ	يَبْرَنْشِقْنَ	لِيَبْرَنْشِقْنَ	لَا يَبْرَنْشِقْنَ
إِبْرَنْشَقْتَ	تَبْرَنْشِقُ	إِبْرَنْشِقْ	لَا تَبْرَنْشِقْ
إِبْرَنْشَقْتُمَا	تَبْرَنْشِقَانِ	إِبْرَنْشِقَا	لَا تَبْرَنْشِقَا
إِبْرَنْشَقْتُمْ	تَبْرَنْشِقُوْنَ	إِبْرَنْشِقُوْا	لَا تَبْرَنْشِقُوْا
إِبْرَنْشَقْتِ	تَبْرَنْشِقِيْنَ	إِبْرَنْشِقِيْ	لَا تَبْرَنْشِقِيْ
إِبْرَنْشَقْتُمَا	تَبْرَنْشِقَانِ	إِبْرَنْشِقَا	لَا تَبْرَنْشِقَا
إِبْرَنْشَقْتُنَّ	تَبْرَنْشِقْنَ	إِبْرَنْشِقْنَ	لَا تَبْرَنْشِقْنَ
إِبْرَنْشَقْتُ	أَبْرَنْشِقُ	لِأَبْرَنْشِقْ	لَا أَبْرَنْشِقْ
إِبْرَنْشَقْنَا	نَبْرَنْشِقُ	لِنَبْرَنْشِقْ	لَا نَبْرَنْشِقْ

اسم الفاعل: مُبْرَنْشِقٌ ، مُبْرَنْشِقَانِ ، مُبْرَنْشِقُوْنَ ، مُبْرَنْشِقَةٌ ، مُبْرَنْشِقَتَانِ ، مُبْرَنْشِقَاتٌ .

Exercise 35

(A) Conjugate the following verbs:

(1) إِخْرَنْطَمَ

(2) إِبْلَنْدَحَ

(3) إِعْرَنْكَسَ

(4) إِسْلَنْطَحَ

(5) إِحْوَنْصَلَ

(B) What is the (صيغة) of the following words:

(1) لَا تَحْوَنْصِلْ

(2) مُصْلَنْطِحَانِ

(3) لِأَعْرَنْكِسْ

(4) مُبْلَنْدَحَاتٌ

(5) اِخْرَنْطَمْنَا

(6) إِبْلَنْدِحِيْ

(7) مُحْوَنْصِلَتَانِ

(8) اِفْرَنْقِعُوْا

(9) مُعْرَنْكِسَتَانِ

(10) لَا تَخْرَنْطِمْنَ

Other Derived Forms

The (أبواب) of (ثلاثي مزيد فيه ملحق)

There are two categories of (أبواب) here:

(1) (ملحق برباعي مجرد)

(2) (ملحق برباعي مزيد)

The first category (ملحق برباعي مجرد) has seven (أبواب):

(1) (فَعْلَلَـــةٌ) – the (ل) is repeated, e.g. (جَلْبَبَةٌ) – to don a shawl.

تَصْرِيْفُهُ : جَلْبَبَ يُجَلْبِبُ جَلْبَبَةً فَهُوَ مُجَلْبِبٌ الأمر منه جَلْبِبْ والنهي عنه لاَ تُجَلْبِبْ

(2) (فَعْوَلَـــةٌ) – there is an extra (و) after the (ع), e.g. (سَرْوَلَةٌ) – to don a trouser.

تَصْرِيْفُهُ : سَرْوَلَ يُسَرْوِلُ سَرْوَلَةً فَهُوَ مُسَرْوِلٌ الأمر منه سَرْوِلْ والنهي عنه لاَ تُسَرْوِلْ

(3) (فَيْعَلَةٌ) – there is an extra (ي) after the (ف), e.g. (صَيْطَرَةٌ) – to command. This word can be used as (سَيْطَرَ) as well.

تَصْرِيْفُهُ : صَيْطَرَ يُصَيْطِرُ صَيْطَرَةً فَهُوَ مُصَيْطِرٌ الأمر منه صَيْطِرْ
والنهي عنه لاَ تُصَيْطِرْ

(4) (فَعْيَلَةٌ) – there is an extra (ي) after the (ع), e.g.
(شَرْيَفَةٌ) – to trim the extra leaves of a plant.

تَصْرِيْفُهُ :شَرْيَفَ يُشَرْيِفُ شَرْيَفَةً فَهُوَ مُشَرْيِفٌ الأمر منه شَرْيِفْ
والنهي عنه لاَ تُشَرْيِفْ

(5) (فَوْعَلَةٌ)– there is an extra (و) after the (ف), e.g.
(جَوْرَبَةٌ) – to make someone don socks.

تَصْرِيْفُهُ : جَوْرَبَ يُجَوْرِبُ جَوْرَبَةً فَهُوَ مُجَوْرِبٌ الأمر منه جَوْرِبْ
والنهي عنه لاَ تُجَوْرِبْ

(6) (فَعْنَلَةٌ)– there is an extra (ن) after the (ع), e.g. (قَلْنَسَةٌ) – to make someone don a hat.

تَصْرِيْفُهُ : قَلْنَسَ يُقَلْنِسُ قَلْنَسَةً فَهُوَ مُقَلْنِسٌ الأمر منه قَلْنِسْ والنهي
عنه لاَ تُقَلْنِسْ

(7) (فَعْلَاةٌ)– there is an extra (ي) after the (ل), e.g. (قَلْسَاةٌ) – to

make someone don a hat.

تَصْرِيْفُهُ : قَلْسَى يُقَلْسِيْ قَلْسَاةً فَهُوَ مُقَلْسٍ وقُلْسِيَ يُقَلْسَى قَلْسَاةً فَهُوَ مُقَلْسًى الأمر منه قَلْسِ والنهي عنه لاَ تُقَلْسِ

(قَلْسَى) was originally (قَلْسَيَ). (يُقَلْسِيْ) was originally (يُقَلْسِيُ). (قَلْسَاةً) was originally (قَلْسَيَةً). These changes will be discussed later.

The second category - (ملحق برباعي مزيد) has three groups:

(1) (ملحق بتَفعْلُلٌ)

(2) (ملحق بإِفْعَنْلَالٌ)

(3) (ملحق بإِفْعِلَّالٌ)

The first group (ملحق بتَفعْلُلٌ) has 8 (أبواب):

(1) (**تَفعْلُلٌ**) – the extra letters are (ت) before the (ف) and the (ل) is repeated, e.g. (تَجَلْبُبٌ) – to don a shawl.

(2) (**تَفعْوُلٌ**) – the extra letters are (ت) before the (ف) and the (و) between the (ع) and the (ل), e.g. (تَسَرْوُلٌ) – to don a trouser.

(3) (**تَفَيْعُلٌ**) – the extra letters are (ت) before the (ف) and a (ي)

after the (ف), e.g. (تَشَيْطُنٌ) – to be a satan.

(4) (**تَفَوْعُلٌ**) – the extra letters are (ت) before the (ف) and a (و) after the (ف), e.g. (تَجَوْرُبٌ) – to don socks.

(5) (**تَفَعْنُلٌ**) – the extra letters are (ت) before the (ف) and a (ن) after the (ع), e.g. (تَقَلْنُسٌ) – to don a trouser.

(6) (**تَمَفْعُلٌ**) – the extra letters are a (ت) and a (م) before the (ف), e.g. (تَمَسْكُنٌ) – to be poor.

(7) (**تَفَعْلُتٌ**) – the extra letters are a (ت) before the (ف) and a (ت) after the (ل), e.g. (تَعَفْرُتٌ) – to behave like a devil.

(8) (**تَفَعْلٍ**) – the extra letters are a (ت) before the (ف) and a (ي) after the (ل), e.g. (تَقَلْسٍ) – to don a hat.

The conjugation of these (أبواب) should be done like (تَسَرْبَلَ), while the last one, namely, (تَفَعْلٍ) is like (قَلْسَى يُقَلْسِي).

The second group, (ملحق بإفْعِنْلَالٌ) has two (أبواب):

(1) (**إفْعِنْلَالٌ**) – The second (ل), the (ن) after the (ع) and the (همزة

(الوصل) are extra, e.g. (إِقْعِنْسَاسٌ) – to walk with the chest and neck protruding out.

تَصْرِيْفُهُ : إِقْعَنْسَسَ يَقْعَنْسِسُ إِقْعِنْسَاسًا فَهُوَ مُقْعَنْسِسٌ الأمر منه إِقْعَنْسِسْ والنهي عنه لاَ تَقْعَنْسِسْ

(2) **(إِفْعِنْلَاءٌ)** – The (ي) after the (ل), the (ن) after the (ع) and the (همزة الوصل) are extra, e.g. (إِسْلِنْقَاءٌ) – to lie on one's back.

تَصْرِيْفُهُ : إِسْلَنْقٰى يَسْلَنْقِيْ إِسْلِنْقَاءً فَهُوَ مُسْلَنْقٍ الأمر منه إِسْلَنْقِ والنهي عنه لاَ تَسْلَنْقِ

The (مصدر) of this (باب) – (إِسْلِنْقَاءٌ) was originally (إِسْلِنْقَايٌ). The (ي) was changed to a (همزة).

The third group - (ملحق بإِفْعِلَّالٌ) has one (باب):

(إِفْوِعْلَالٌ) – The (و) after the (ف) and one (ل) is extra, e.g. (إِكْوِهْدَادٌ) – to strive.

تَصْرِيْفُهُ : إِكْوَهَدَّ يَكْوَهِدُّ إِكْوِهْدَادًا فَهُوَ مُكْوَهِدٌّ الأمر منه إِكْوَهِدَّ إِكْوَهِدِّ إِكْوَهْدِدْ والنهي عنه لاَ تَكْوَهِدَّ لاَ تَكْوَهِدِّ لاَ تَكْوَهْدِدْ

In all the word-forms of this (باب), (إدغام) has been applied and the changes are similar to those of (إِقْشَعَرَّ).

Exercise 36

What is the word-form (صيغة) of the following words and which (باب) are they from:

(1) مُتَسَرْبِلُوْنَ

(2) لاَ تَكَوْهَدْدْنَ

(3) تَتَشَرْيَفُ

(4) تُجَوْرِبْنَ

(5) نَتَشَيْطَنُ

(6) أَسْلَنْقِيْ

(7) إِقْعَنْسِيْ

(8) تَعَفْرَتْنَ

(9) تَقَلْسَوْا

(10) تَشَيْطَنْتْ

The Seven Categories

With regards to the letters of verbs, they fall into seven categories, namely:

صحيح ، مثال ، أجوف ، ناقص ، مهموز ، مضاعف ، لفيف

Definitions

Term	Meaning	Example
صحيح	A word whose root letters do not have a (همزة), (حـــرف العلـــة)[13] or two letters of the same type	نَصَرَ
مثال	A word having a (حـــرف العلـــة) in the (فاء الكلمة)	وَعَدَ
أجوف	A word having a (حـــرف العلـــة) in the (عين الكلمة)	قَالَ
ناقص	A word having a (حـــرف العلـــة) in the (لام الكلمة)	دَعَا
مهموز	A word having a (همـــزة) as a root letter – a hamzated verb	أَمَرَ
مضاعف	A word having, as its root letters, two letters of the same type	مَدَّ
لفيف	A word having two (حـــروف العلة) as the root letters	وَقَي

---

[13] The (حروف علة) are (و), (الف) and (ي).

143

1) The term (معتــــــل) refers to any verb that contains a (حرف العلة).

2) If there is a (حرف العلــة) in the (فــاء الكلمــة), it is called (مُعْتَلّ الْفَا) or (مثال), eg (وَعَدَ).

3) If there is a (حرف العلــة) in the (عــين الكلمــة), it is called (مُعْتَلّ الْعَيْن) or (أجوف), e.g. (قَالَ).

4) If there is a (حـــرف العلــة) in the (لام الكلمــة), it is called (مُعْتَلّ اللّام) or (ناقص), e.g. (دَعَا).

5) If the (فــاء الكلمــة) has a (و), it is called (مثــال واوي) eg (وَعَدَ).

6) If the (فاء الكلمــة) has a (ي), it is called (مثــال يــائي). eg (يَسَرَ).

7) If the (عــين الكلمــة) has a (و), it is called (أجــوف واوي) eg (قَالَ).

8) If the (عين الكلمــة) has a (ي), it is called (أجــوف يــائي) eg (بَاعَ).

9) If the (لام الكلمــة) has a (و), it is called (نــاقص واوي) eg

(دَعَا).

10) If the (لام الكلمة) has a (ي), it is called (نــاقص يــائي) eg (رَمَي).

11) If the (فاء الكلمة) has a (همــزة), it is called (مهمــوز الفـا) eg (أَمَرَ).

12) If the (عــين الكلمــة) has a (همــزة), it is called (مهمــوز العين) eg (سَأَلَ).

13) If the (لام الكلمة) has a (همزة), it is called (مهمــوز الــلام) eg (قَرَأَ).

14) (لفيــف) is of two types: (لفيــف مفــروق) and (لفيــف مقرون).

15) (لفيــف مفــروق) is when the two (حــرف العلــة) are separate, e.g. (وَقَي).

16) (لفيــف مقــرون) is when the two (حــرف العلــة) are adjacent to one another, e.g. (طَوَي).

17) If the (عــين الكلمــة) and (لام الكلمــة) are the same, it is called (مضاعف ثلاثي) e.g. (مَدَّ).

18) If the (ف) and the first (ل) and the (ع) and the second (ل) are the same letters, it is called (مضاعف رباعي) e.g. (زَلْزَلَ).

Exercise 37

Classify the following verbs according to the seven categories:

(1) يَجُوْعُ
(2) وَلِيَ
(3) فَرَّ
(4) دَمْدَمَ
(5) طَوَيَ
(6) يَدِيْنُ
(7) أَخَذَ
(8) وَرِمَ
(9) يَمُنَ
(10) سَئِمَ

The Rules of (مهموز)

Rule 1:

It is permissible to change a (همـــزة), that is alone and (ساكن) to correspond to the previous (حركة).

That is,

(a) after a (فتحه), change the (همزة) into an (الف).

Example

(رَأْسٌ)(head) becomes(رَاسٌ.)

(b) after a (ضمة), change the (همزة) into a (و).

Example

بُؤْسٌ (destitute) becomes (بُوْسٌ).

(c) after a (كسرة), change the (همزة) into a (ي).

Example

ذِئْبٌ (wolf) becomes (ذِيْبٌ).

Rule 2

If a hamzah mutaharrik (همـــزة متحـــرك) appears before a (همـــزة) that is (ســـاكن), it becomes necessary to change the (ساكن) letter to the corresponding (حرف العلة).

Examples

أَأْمَنَ becomes آمَنَ

أُأْمِنَ becomes أُوْمِنَ

إِأْمَانًا becomes إِيْمَانًا.

Rule 3

(3.1) It is permissible to change a (همــزة) that is (مفتــوح) and is preceded by a (ضمة) to a (و).

Example

جُؤَنٌ becomes جُوَنٌ

جُؤَنٌ is the plural of جُؤَنَةٌ which means a perfume holder.

(3.2) It is permissible to change a (همــزة) that is (مفتــوح) and is preceded by a (كسرة) into a (ي).

Example

مِئَرٌ becomes مِيَرٌ .

Rule 4

(4.1) If two (همــزة)'s are (متحــرك) and one of them is (مكســور), then it is permissible to change the second (همــزة) into a (ي).

Example

اَإِمَّةٌ can also be read as اَيِمَّةٌ.

If there are two (همــزة)'s which are (متحــرك) and none of them are (مكســـور), then it is necessary to change the second (همزة) into a (و).

Examples

i) أَأَادَمُ will be read as اَوَادِمُ

ii) أُأَمِّلُ will be read as أُوَمِّلُ

(جَاءٍ) originally was (جَايِــئٌ) (اســم فاعـــل of جَـــاءَ). The (ي) which comes after (الـــف زائـــد) will change into a (همـــزة). It becomes (جَائِـــئٌ). Now there are two (همـــزة متحـــرك) and one of them is (مكســـور) . The second (همـــزة) changes into a (ي) becoming (جَـــائِيٌ) (according to the rule of اَامَّـــةٌ - rule 4.1). (جَـــائِيٌ) can also be written as جَـــاءِيُنْ. The (ضـــمة) on the (ي) is ثقيـــل (difficult to pronounce). Therefore it is removed and (جَائِـــيْنْ) remains. Now due to (إجتمـــاع ســـاكنين) (the coming together of two [ســـاكن] letters), the (ي ســـاكن) is deleted.

We are left with جَائِـــنْ which can also be read as جَاءٍ .

Step by Step

جَايِـــئٌ ← جَائِئٌ ← (جَاءِ يُنْ) (جَائِيٌ)

← (جَاءِ يْنْ) ← (جَاءٍ) جَا ئِنْ

Rule 5

If a (همـــزة) comes after the (و) or (ي) that are مـــدة and زائدة or if a (همـــزة) comes after the (ي) of (اســـم تصـــغير), it is permissible to change the (همـــــــزة) into the letter that precedes it and then (إدغـــام) (incorporation of one letter into another) is made.

Example of (و) مدة زائدة

مُقْرُوْئَةٌ ← مُقْرُوْوَةٌ ← مُقْرُوَّةٌ

The word (مُقْرُوْئَةٌ) is the (اسم مفعول) of (قَرَأَ يَقْرَأُ).

Example (ي) مدة زائدة

خَطِيْئَةٌ ← خَطِيْيَةٌ ← خَطِيَّةٌ.

Example of اسم تصغير

أُفَيْئِس ⟶ أُفَيْيِس ⟶ أُفَيِّس.

The word (أُفَيْـــئِس) is the (اســـم تصـــغير) of (أَفْـــؤُس) which is the (جمع) of (فَأْس) - meaning axe.

Rule 6

If there occurs a (همـــزة) after the (الـــف) of مفاعـــل and before a (ى), the (همـــزة) changes to (يـــا مفتوحـــة) and the (ي) changes to (الف).

Example

The word (خَطَايَا) is the plural of (خَطِيْئَة).

The word (خَطَايَـــا) was originally (خَطَـــايِئُ). The (ي) which comes after the (الـــف) of (جمـــع) as the second last letter, changes into a (همـــزة).[14] It becomes (خَطَـــائِءُ). Now we have two (همـــزة متحـــرك)'s and one of them is (مكســـور). The rule of (أَيِمَّـــة) applies, whereby the second (همـــزة) changes into a (ي) and becomes خَطَـــائِيُ. Now there is a

[14] This refers to rule no. 18 which you will read under the rules of معتل .

(همــزة) after the (الــف) of مفاعــل and it is before a (ي). It changes to (يــا مفتوحــة) and the (ي) changes to (الــف). The word becomes (خَطَايَا).

NOTE: This law is compulsory (وجوبًا).

Step by Step

خَطَايِءُ ⟶ خَطَاءِءُ ⟶ خَطَائِيُ ⟶ خَطَايَا

Rule 7

If a (همــزة) is (متحــرك) and it comes after a (ســاكن) that is not a (مده زائــده) nor is it (ي تصــغير) , then the (حركــة) of the (همزة) is given to the letter preceding it.

This law is permissible (جوازًا).

Examples

1) In the word (يَسْــئَلُ), the (حركــة) of the (همــزة) is given to the (س) and the (همزة) is then deleted. It becomes (يَسَلُ).

2) In the words قَدْ أَفْلَــحَ the (حركــة) of the (همــزة) is given to the (د) and the (همزة) is then deleted. It becomes

(قَدْ فْلَحَ).

3) In the words يَرْمِـــيْ أَخَـــاهُ the (حركـــة) of the (همـــزة) is transferred to the (ي) and the (همـــزة) is then deleted. It becomes (يَرْمِي خَاهُ).

Rule 8

The rule of (يَسْـــئَلُ) is compulsorily applied to all the (أفعـــال) (verbs) of (يَـــرَى) and (يُـــرَى) (المضـــارع المعـــروف ومجهول).

Example

In (يَرْأَيُ) the (فتحـــة) of the (همـــزة) is given to the (ر) and the (همزة) is deleted. It becomes (يَرَى).

NOTE:

It is permissible to apply this rule to the (اسمـــاء مشـــتقات) (derived nouns) too.

The (مصدر ميمى) can be read as (مَرْايً) or (مَرِيً).

The (اسم آلة) can be read as (مِرْآةٌ) or (مِرَاةٌ).

The (فتحـــة) of the (همـــزة) of (مِـــرْأَاةٌ) is given to the (ر) and then the (همزة) is removed leaving (مرَاةٌ).

The (اسم مفعول) can be read as (مَرْئِيٌّ) or (مَرِيٌّ).

Rule 9

If a (همـزة متحـرك) is preceded by a (متحـرك) letter, then both (بـين بـين قريـب) and (بـين بـين بعيـد) are both permissible.

9.1 (بين بين قريـب) is to read the (همـزة) between its (مخـرج) and the (مخرج) of the (حرف العلة) corresponding to its (hamza's) حركة.

9.2 (بين بـين بعيـد) is to read a letter between its (مخـرج) and the (مخـرج) of the (حـرف العلـة) corresponding to the preceding (حركة).

(بين بين) is also known as تسهيل.

Examples

When (بين بين) is made on the word (سَأَلَ), then in both (بين بين قريب) and (بعيـد) the (مخـرج) will be that of (همـزة) and (الف).

In the word (سَـئِمَ) if (بـين بـين قريـب) is made, then the

(مخرج) will be between (همزة) and (ي). If (بــين بــين بعيــد) is made, then the (مخرج) will be between (همزة) and (الف).

In the word (لَؤُمَ) if (بين بين قريب) is made, then the (مخرج) will be between (همزة) and (و). If (بــين بــين بعيــد) is made then the (مخرج) will be between (همزة) and (الف).

(9.3) If there is a (همـــزة متحركــة) after (الـــف), it is permissible to apply (بين بين قريب) only. (بــين بــين بعيــد) is not permissible in this case.

Examples

[1] In the word (قُرَّاءَ), the (همزة) is (مفتوح). Therefore the (همزة) will be read between the (مخرج) of the (همزة) and the (الف).

[2] If (قُرَّاءُ) is read with a (ضمة), the (همزة) will be read between the (مخرج) of the (همزة) and (واو).

[3] If (قُرَّاءِ) is read with a (كسرة), the (همزة) will be read between the (مخرج) of the (همزة) and (ي).

Rule 10

If a (همزة إستفهام) comes before a (همزة) as in the word (أَأَنْتُمْ), then it is permissible to apply the rule of (أَوَادِمُ) (Rule 4). Thus, (أَأَنْتُمْ) will be read as (أَوَنْتُمْ) .

It is also permissible to make (تسهيل), whether (قريب) or (بعيد).

It is also permissible to bring an (الف) between the two (همزة)'s and read it as (آاأَنْتُمْ).

Exercise 38

(1) Apply rule no.1 to the following words:

(1) لَابَأْسَ (2) فِئْرٌ (3) سُؤْرٌ

(2) Which rule applies to the word (آخِذٌ) and how?

(3)Analyse the changes to the word (شَاءٍ).

(4) Apply the rule of (مهموز) to the word (مَنْبُوْئَةٌ).

(5) What can (أَأَنْتَ) also be read as?

The Orthography[15] of the Hamzah

The following rules are general guidelines with regards to how a hamzah is written:
(a) Hamzah is invariably written over or under an alif at the beginning of a word, e.g. (أَمَرَ), (أُمِرَ) and (إِنْسَانٌ).
(b) When the initial hamzah is followed by an alif of prolongation (long vowel الف), the latter is replaced by a madd over the initial alif, e.g. (آمِرٌ) for (أَامِرٌ).
(c) The hamzah tends to be written over the semi-consonant (حرف العلة) corresponding to the vowel (حركة) of the preceding letter.
Examples:
(يَأْمُرُ), (يُؤْمَرُ), (بَطُؤَ), (خَطِئْتُ)

(d) Where the previous consonant has a (سكون), the hamzah tends to be written over the semi-consonant (حرف العلة) coinciding with its own vowel (حركة).
Examples:
(مَسْؤُوْلٌ), (أَسْئِلَةٌ), (شَأَمَ)

This rule is applied for (الفعل الماضي) instead of (c) above.

Thus, (بَؤُسَ) is written with a (و) and (سَئِمَ) with a (ى) without dots.

---

[15] the correct spelling

The Paradigms of (مهموز)

مهموز الفاء من باب نَصَرَ ـ الْأَخْذُ

أَخَذَ يَأْخُذُ أَخْذًا فَهُوَ آخِذٌ وَأُخِذَ يُؤْخَذُ أَخْذًا فَهُوَ مَأْخُوْذٌ الْأَمْرُ مِنْهُ خُذْ وَالنَّهْيُ عَنْهُ لاَ تَأْخُذْ الظَّرْفُ مِنْهُ مَأْخَذٌ مَأْخَذَانِ مَآخِذُ وَالْآلَةُ مِنْهُ مِيْخَذٌ مِيْخَذَانِ مَآخِذُ وَ مِيْخَذَةٌ مِيْخَذَتَانِ مَآخِذُ وَ مِيْخَاذٌ مِيْخَاذَانِ مَآخِيْذُ وَأَفْعَلُ التَّفْضِيْلِ مِنْهُ آخَذُ آخَذَانِ آخَذُوْنَ وَأَوَاخِذُ وَالْمُؤَنَّثُ مِنْهُ أُخْذَي أُخْذَيَانِ أُخَذٌ وَ أُخْذَيَاتٌ

Analysis of the changes

(1) The (أمر) of this (باب) is (خُذْ) which is an exception from the normal method of constructing the (أمر). (خُذْ) was originally (أُوْخُذْ).

(2) Similarly, the (أمر) of (أَكَلَ يَأْكُلُ) is (كُلْ). It is necessary to delete the (همزة) from both (خُذْ) and (كُلْ).

(3) In the verb, (أَمَرَ يَأْمُرُ), it is permissible to delete the hamzas and to retain them. Therefore, both (مُرْ) and (أُوْمُرْ) are correct to use. If the verb is used at the beginning of the sentence, it is more eloquent to delete the

(همزة), e.g. it is stated in a hadîth, (مُرُوْا أَوْلَادَكُمْ بِالصَّلَاة).

(4) If the verb is used in the middle of the sentence, then most often the hamzah is retained, e.g. The Qur'ânic verse, (وَأْمُرْ أَهْلَكَ بِالصَّلَاة).

(5) In the word-forms of (المضارع المعروف) of this (باب), besides the singular first person (واحد متكلم), the rule of (رَأْسٌ) has been applied. The same rule applies to the (اسم المفعول) and (اسم الظرف).

(6) The rule of (بِئْرٌ) applies in the (اسم الآلة).

(7) The rule of (بُؤْسٌ) applies in the (المضارع المجهول) except for the singular first person (واحد متكلم).

(8) In the singular first person (واحد متكلم) of (المضارع المعروف) and the (اسم التفضيل), the rule of (آمن) applies.

(9) In the plural (جمع) of (اسم التفضيل), the rule of (أَوَادِمُ) applies.

(10) In the singular first person of the (المضارع المجهول), the rule of (أُوْمِنَ) applies.

Exercise 39

(a) Conjugate the following verbs:

(1) أَكَلَ

(2) أَمَرَ

(b) What is the paradigm of the (مضارع مجهول) of (أَدَبَ)?

(c) What is the paradigm of the (أمر معروف) of (أَمَرَ)?

(d) What is the paradigm of the (الماضي المعروف) of (أَكَلَ)?

(e) How has the word (أَوَاسِرُ) changed from its original?

مهموز الفاء من باب ضَرَبَ ـــ الْأَسْرُ

أَسَرَ يَأْسِرُ أَسْرًا فَهُوَ آسِرٌ وَأُسِرَ يُؤْسَرُ أَسْرًا فَهُوَ مَأْسُوْرٌ اَلْأَمْرُ مِنْهُ إِيْسِرْ وَالنَّهْيُ عَنْهُ لاَ تَأْسِرْ الظَّرْفُ مِنْهُ مَأْسِرٌ مَأْسِرَانِ مَآسِرُ وَالْآلَةُ مِنْهُ مِيْسَرٌ مِيْسَرَانِ مَآسِرُ مِيْسَرَةٌ مِيْسَرَتَانِ مَآسِرُ مِيْسَارٌ مِيْسَارَانِ مَآسِيْرُ وَأَفْعَلُ التَّفْضِيْلِ مِنْهُ آسَرُ آسَرَانِ آسَرُوْنَ وَأَوَاسِرُ وَالْمُؤَنَّثُ مِنْهُ أُسْرَي أُسْرَيَانِ وَ أُسَرٌ وَ أُسْرَيَاتٌ

Analysis of the changes

(1) The changes of this (بـــاب) are similar to those of (أخـــذ يأخـــذ) except for the imperative (أمـــر) – (إِيْسِـــرْ) – where the rule of (إِيْمَانٌ) applies.

(2) The other (أبـــواب) of (ثلاثـــي مجـــرد) follow the same pattern.

Exercise 40

Conjugate the following verbs:

(1) أَثَرَ

(2) أَمِنَ

(b) What is the paradigm of the (معـــروف مضـــارع) of (أَمِنَ)?

(c) What is the paradigm of the (أمر مجهول) of (أَلَهَ)?

(d) What is the paradigm of the (الماضي المجهول) of (أَمِنَ)?

(e) How has the word (إِيْسِرُوْا) changed from its original?

مهموز الفاء من باب إفتعال ــ اَلْإِيْتِمَارُ

إِيْتَمَرَ يَأْتَمِرُ إِيْتِمَارًا فَهُوَ مُوْتَمِرٌ وَأُوْتُمِرَ يُوْتَمَرُ إِيْتِمَارًا فَهُوَ مُوْتَمَرٌ اَلْأَمْرُ مِنْهُ إِيْتَمِرْ وَالنَّهْيُ عَنْهُ لَا تَأْتَمِرْ الظَّرْفُ مِنْهُ مُوْتَمَرٌ

Analysis of the changes

(1) The rule of (إِيْمَانٌ) applies in the (الماضي المعروف), (أمر معروف) and (مصدر).

(2) The rule of (أُوْمِنَ) applies in the (الماضي المجهول).

(3) The rule of (رَأْسٌ) applies in the (المضارع المعروف).

(4) The rule of (بُؤْسٌ) applies in the (المضارع المجهول), (اسم الفاعل), (اسم المفعول) and (اسم الظرف).

مهموز الفاء من باب إستفعال ــ اَلْإِسْتِيْذَانُ

إِسْتَأْذَنَ يَسْتَأْذِنُ إِسْتِيْذَانًا فَهُوَ مُسْتَأْذِنٌ وَأُسْتُأْذِنَ يُسْتَأْذَنُ إِسْتِيْذَانًا فَهُوَ مُسْتَأْذَنٌ اَلْأَمْرُ مِنْهُ إِسْتَأْذِنْ وَالنَّهْيُ عَنْهُ لَا تَسْتَأْذِنْ الظَّرْفُ مِنْهُ مُسْتَأْذَنٌ

Analysis of the changes

(1) Conjugate all the verbs of (أبواب ثلاثي مزيد فيه) like the conjugations of (أَخَذَ) and (إِيْتَمَرَ).

Exercise 41

Conjugate the following verbs:

(1) إِسْتَأْنَفَ

(2) إِئْتَمَنَ

(3) إِنْأَطَرَ

(b) What is the paradigm of the (معـــروف مضـــارع) of (أَمِنَ)?

(c) What is the paradigm of the (أمر مجهول) of (أَأَلَهَ)?

(d) What is the paradigm of the (الماضي المجهول) of (أَمِنَ)?

(e) How has the word (إِيْسِرُوْا) changed from its original?

Discussion of (مهموز العين)

(1) The rule of (بـــين بـــين) or (تســـهيل) applies to all the verbs of (الماضي) of (مهموز العـــين ثلاثـــي مجـــرد). Note that this rule is optional.

(2) The rule of (يَسْـــئَلُ) applies to the (مضـــارع) and (أمـــر) of (مهموز العين ثلاثي مجرد).

(3) (زَأَرَ يَزْئِرُ) is from (بـــاب ضـــرب), (سَـــأَلَ يَسْـــئَلُ) is from

(باب فتح), (سَئِمَ يَسْئَمُ) is from (باب سمع), (لَؤُمَ يَلْؤُمُ) is from (باب كرم).

(4) In the imperative (أمر), after applying the rule of (يَسْئَلُ), the (همزة الوصل) is deleted. Therefore (إِزْئِرْ) becomes (زِرْ), (إِسْئَلْ) becomes (سَلْ), (إِسْئَمْ) becomes (سَمْ) and (أُلْؤُمْ) becomes (لُمْ).

The conjugation of the imperative second person (أمر حاضر معروف) form is as follows:

←

زِرْ	زِرَا	زِرُوْا	زِرِيْ	زِرَا	زِرْنَ
سَلْ	سَلَا	سَلُوْا	سَلِيْ	سَلَا	سَلْنَ
سَمْ	سَمَا	سَمُوْ	سَمِيْ	سَمَا	سَمْنَ
لُمْ	لُمَا	لُمُوْا	لُمِيْ	لُمَا	لُمْنَ

Discussion of (مهموز اللام)

(1) In most of the word-forms of (مهموز اللام), the rule of (بين بين) or (تسهيل) applies, e.g. (قَرَأَ يَقْرَأُ).

(2) The rule of (مِيَرٌ) applies to (واحد الماضي المجهول), e.g.

(قُرِءَ).

(3) The rule of (همـــزة منفــردة ســاكنة), that is the rule of (رَأْسٌ) applies to all the word-forms of (أمــر) and (مضـــارع مجزوم). Accordingly, in the words (إِقْــرَأْ) and (لَــمْ يَقْــرَأْ), the hamzah can become (الـــف), in the words (أُرْدُءْ) and (لَــمْ يَــرْدُءْ), the hamzah can become (و) and in the words (أَنْبِـــئْ) and (لَمْ يَنْبِئْ), the hamzah can become (ي).

Exercise 42

Conjugate the following verbs:

(1) هَنَأَ يَهْنُأُ	(6) تَأَهَّلَ
(2) رَأَسَ يَرْإِسُ	(7) تَخَاطَأَ
(3) أَمَّنَ	(8) إِنْكَفَأَ
(4) آخَذَ	(9) إِبْتَدَأَ
(5) أَبْأَسَ	(10) إِسْتَأْنَفَ

The Rules Of (معتل)

Rule 1

(1.1) The (و) which appears between (علامات المضارع)[16] which is (مفتوح) and the (عـــين الكلمـــة) which is (مكســـور), falls off.

Example

The word يَوْعِدُ becomes يَعِدُ .

Every (و) that comes between the (علامات مضارع مفتوح) and the (ع كلمة) which is (مفتـــوح), the (و) falls off, on condition that either the (ع كلمة) or the (ل كلمة) is from the (حروف حلقي)[17].

Example

The word يَوْهَبُ becomes يَهَبُ.

Note:

Every (مثـــال واوى) on the scale of (ضـــرب) follows this rule.

---

[16] علامات مضارع are the following letters الف ت ي ن

[17] The حروف حلقى are the following letters: ء ه ع ح غ خ

Rule 2

If a (مصدر) is on the scale of (فِعْلٌ) and its (فاء الكلمة) is a (و), that (و) is deleted and the (ع كلمة) is given a (كسرة). A (ة) is then added at the end of the word.

Step by Step Example

وَعْدٌ ⟶ عْدٌ ⟶ عِدٌ ⟶ عِدَةٌ

Note:

If the (مضارع) has a (فتحة) on its (ع كلمة), for example in the word (يَسَعُ), the (فاء الكلمة) of the (مصدر) can also be given a (فتحة).

Step by Step Example

The word (سَعَةٌ) the (مصدر) of (وَسِعَ يَسَعُ).

وِسْعٌ ⟶ سْعٌ ⟶ سَعٌ ⟶ سَعَةٌ

Note:

It is also permissible to read (سَعَةٌ) as (سِعَةٌ).

Rule 3

(3.1) If a (و ساكن) is not (مشدّد) and is preceded by a (كسرة), it changes into a (ي).

Example

The word مِوْعَادٌ changes to مِيْعَادٌ.

Exception

The word (إِجْلِـوَّازٌ) will remain unchanged, because the (و) is مدغم (مشدّد).

(3.2) If (ي ســاكن) is not (مـدغم) and it is preceded by a (ضمة), the (ي) changes into a (و).

Example

The word (مُيْسِرٌ) changes to (مُوْسِرٌ).

Exceptions

The word (مُيَّزٌ) remains unchanged because the (ي) is (مدغم).

(3.3) If an (الـف) is preceded by a (ضـمة), it will change into a (و).

Step by Step Example

قَاتَلَ ← قُاتِلَ ← قُوْتِلَ

(3.4) If an (الـــف) is preceded by a (كســـرة), it will change into a (ي).

Example

The plural of (مِحْرَابٌ) is (مَحَارِابُ). This changes to (مَحَارِيْبُ) because the (الف) is preceded by a (كسرة).

Rule 4

If the (فاء الكلمة) of (باب افتعال) is a (و أصلى) or (ي أصلى), the (و) or (ي) will change into a (ت) and (ادغـــام) will be made, that is, both the (ت)'s will be assimilated.

Step by Step Example of (مثال واوي)

إِوْتَقَدَ ← إِتْــتَقَدَ ← إِتَّــقَدَ

Step by Step Example of (مثال يائي)

إيْــتَسَرَ ← اِتْــتَسَرَ ← اِتَّسَرَ

Rule 5

(5.1) If at the beginning of a word there is a (و مضموم), it is permissible to change it into a (همزة).

Examples

(وُجُوْهٌ – plural of وَجْهٌ) changes to (أُجُوْهٌ). (This is an example of an اسم).

(وُقِّتَتْ – the [الماضي المجهول] of توقيتٌ) changes to (أُقِّتَتْ). (This is an example of a فعل).

(5.2) If (و مكسور) appears at the beginning of a word, it is permissible to change it to a (همزة).

Example

(وِشَاحٌ – swordbelt) can be read as (إِشَاحٌ).

(5.3) If a (و مرفوع) appears in the middle of a word, it is permissible to change it into a (همزة).

Example

(اَدْوُرٌ) can be read as (اَدْؤُرٌ).

Rarely is a (و مفتوح) changed into a (همزة).

Examples

(وَحَدٌ - one) can be read as (أَحَدٌ).

(وَنَاةٌ – a lazy woman) can be read as (أَنَاةٌ).

Rule 6

When two (واؤ متحرك) come together at the beginning of a word, it is compulsory (واجب) to change the first (و) into a (همزة).

Example

(وَوَاصِلُ) is read as (أَوَاصِلُ) (This is the plural of وَاصِلَةٌ).

(وُوَيْصِلٌ) is read as (أُوَيْصِلٌ). This is the (إسم تصغير) of (وَاصِلٌ).

Rule 7

(7.1) If (و) or (ي) (متحرك) is preceded by a فتحة, the (و) or (ي) is changed into an (الف).

Examples

Example of a (و متحرك) in the middle of a (فعل):

(قَوَلَ) changes to (قَالَ).

Example of a (ي متحرك) in the middle of a (فعل):

(بَيَعَ) changes to (بَاعَ).

Example of a (و متحرك) at the end of a (فعل):

(دَعَوَ) changes to (دَعَا).

Example of a (ي متحرك) at the end of a (فعل):

(رَمَيَ) changes to (رَمَى).

Example of a (و متحرك) in an (اسم):

(بَوَبٌ) changes to (بَابٌ).

Example of a (ي متحرك) in an (اسم):

(نَيَبٌ) changes to (نَابٌ).

Conditions for the above rule

This rule only applies if the following conditions are met:

[1] The (و) or (ي متحرك) must not be in the place of the

(فـاء الكلمـة). Therefore this rule will not apply to the word

172

فَوَعَدَ - the (و) is in the place of the (فاء الكلمة) and the (ف) is a (حرف عطف). It will also not apply to (تَوَفّٰى) because the (و) is in the place of the (فــاء الكلمــة) of (بــاب تفعُّل).

It will also not apply to تَيَسَّرَ - (ي) is in the place of the (فاء الكلمة) of (باب تفعُّل).

[2] The (و) or (ي) must not be in place of the (ع كلمــة) of a word which is (لفيــف). (لفيــف is that word which has two حــرف العلــة). Therefore this law will not apply to the word (طَــوَى) . Here (و) is in the place of the (ع كلمــة). The law will also not apply in the word (حَيِــيَ). Here (ي) is in the place of the (ع كلمة).

[3] The (و) or (ي) must not come before the (الــــف) of (تــثــــنية). Therefore this law will not apply to the word (دَعَــوَا), since there is a (و) before the (الــف) of (تــثــــنية) and in the word (رَمَيَــــا), since there is a (ي) before the (الف) of (تــثــــنية).

[4] The (و) or (ي) must not come before a (مـدّه زائـده). Therefore this law will not apply to the word (طَوِيْـلٌ) because the (و) is before a (ي) which is not a (حـرف أصـلي). It will also not apply in the word (غَيُـوْرٌ) because the (و) after the (ي) is not a (حـرف اصـلي). Also in the word (غَيَابَـةٌ), the (ي) is before an (الـف) which is not a (حرف اصلي).

Objection

In the words (دَعَوْا), (يَخْشَـوْنَ), (تَخْشَـوْنَ) and (تَخْشَـيْنَ), the (و) and (ي) were not supposed to be changed to (الـف) because they came before a (مـدّه زائـده), but yet this rule has been applied.

Answer

The (ي) in these words is a separate word and it is the (فاعل) of the (فعـل), while the (مـده) is not (زائـد), therefore the (و) or (ي) changes to (الف) and then falls off due to (إجتماع ساكنين).

Step by Step Examples

دَعَوْا ← دَعَاوْا ← (فَعَلُوْا) دَعَوُوْا

يَخْشَوْنَ ← يَخْشَاوْنَ ← (يَفْعَلُوْنَ) يَخْشَيُوْنَ

تَخْشَوْنَ ← تَخْشَاوْنَ ← (تَفْعَلُوْنَ) تَخْشَيُوْنَ

تَخْشَيْنَ ← تَخْشَايْنَ ← (تَفْعَلِيْنَ) تَخْشَيِيْنَ

[5] The (ي متحـــرك) or (ومتحـــرك) must not be before (ي مشـــدّد), for example, the word (عَلَـــوِيٌّ). The (ي) or (ومتحـــرك) must also not be before (ن تاكيـــد), for example, the word (إِخْشَيِنَّ).

[6] The word must not have the meaning of a colour or defect, for example,

(عَوِرَ) (to be one-eyed),

(صَيِدَ) (to have a crooked neck).

[7] The word must not be on the scale of (فَعَلَـــانٌ), (فَعَلَـــى) or (فَعَلَةٌ), for example

(دَوَرَانٌ) – (فَعَلَانٌ) – example of (و). [meaning – rotation]

(سَيَلَانٌ) – (فَعَلَانٌ) example of (ي). [meaning – flowing]

(صَـــوَرَى) – (فَعَلَـــى) example of (و). [meaning – name of a spring of water]

(حَيَـــدَى) – (فَعَلَـــى) example of (ي). [meaning – to walk arrogantly – from حاد يحيد]

and (حَوَكَـــةٌ) – (فَعَلَـــةٌ) example of (و). [meaning – weaver – plural of حَائِكٌ]

[8] The word must not be from (بـــاب إفتعـــال) having the meaning of (بـــاب تفاعل). For example, the word إِجْتَـــوَرَ (in the meaning of تَجَـــاوَرَ) and إِعْتَـــوَرَ (in the meaning of تَعَاوَرَ). Both words mean to take in turns.

(7.2) If after such an (الـــف) (which has been changed from a و or ي), there is a (ساكن) letter, the (الف) falls off.

Examples

[1] In the word (دَعَـــوُوْا), the first (و) changes to (الـــف). It becomes (دَعَاوْا). Here (الـــف) has come before a (و ســـاكن). The (الف) falls off and it becomes (دَعَوْا).

[2] In the word (تَرْضَــيِيْنَ), the first (ي) changes to an (الــف). Due to the (الــف) coming before a (ســاكن), it is deleted. It becomes (تَرْضَيْنَ).

(7.3) If such an (الــف) has come before a (ت تانيــث) of (فعــل ماضــى), even if the (ت) is (متحــرك), the (الــف) is deleted.

Examples

1. The word (دَعَــوَتْ) changes to (دَعَــاتْ). Now we have an (الــف) before (ت تانيــث) of (فعــل ماضــى). Therefore it is deleted. It becomes (دَعَتْ).

2. The word (دَعَوَتَا) changes to (دَعَاتَا). There is a (تــا تَانيــث متحــرك) after the (الــف). Therefore the (الــف) is deleted. It becomes دَعَتَا.

(7.4) In the (صيغة) of (الماضي المعروف), from (جمــع مؤنــث غائــب) until the end, if the word is (اجــوف واوي), whether the (عين الكلمــة) has a (ضــمة) or (فتحــة), after deleting the (الف), the (فاء الكلمة) is given a (ضمة).

Example in which (ع كلمة) has a (فتحة)

(قَــوَلْنَ) changes to (قَــالْنَ). The (الــف) is now deleted because it is followed by a (ســاكن). It becomes (قَلْــنَ). The (ق) is now given a (ضــمة) because it is (اجــوف واوي). It becomes (قُلْنَ). The word (قُلْنَ) is from the (باب) of (نصر).

Example in which (ع كلمة) has a (ضمة)

طَوُلْنَ ⟶ طَالْنَ ⟶ طَلْنَ ⟶ طُلْنَ

The word (طُلْنَ) is from the (باب) of (كرُم).

(7.5) In the (الماضــي المعــروف صــيغة), from (جمــع مؤنــث غائــب) till the end, after deleting the (الــف), if it is (اجــوف يــائي) or there is a (كســرة) on the (ع كلمــة) in (اجــوف واوي), the (فاء الكلمة) is given a (كسرة).

Example in which (ع كلمة) has a (كسرة)

In the word (بَــيَعْنَ), the (ي متحــرك) is preceded by a (فتحــة). Therefore the (ي) changes to (الــف). It becomes (بَــاعْنَ).

The (الـــف) is deleted. It becomes (بَعْـــنَ). Now the (ب) is given a (كسرة). It becomes (بِعْنَ).

Step by Step Example of (اجوف واوي) with (كسرة)

خَوِفْنَ ← خَافْنَ ← خَفْنَ ← خِفْنَ

The word (خِفْنَ) is from the (باب) of (سمع).

Rule 8

(8.1) If the letter before (و) or (ي) is (ســاكن), the (حركــة) of the (و) or (ي) is transferred to the preceding letter.

Example

[1] In the word (يَقْــوُلُ), the (حركــة) of the (و) which is a (ضــمة) in this case, is given to the (ق). It becomes (يَقُــوْلُ). (This is an example of أجوف واوي).

[2] In the word (يَبْيِــعُ), the (كســـرة) of the (ي) is given to the (ب). It becomes (يَبِيْــعُ). (This is an example of أجــوف

يای).

(8.2) If the (حركة) is a (فتحة), the (و) or (ي) is changed into an (الف).

Examples

[1] In the word (يُقْوَلُ), the (فتحة) of the (و) is given to the (ق). It becomes (يُقَوْلُ). Now due to the (فتحة), the (و) is changed into an (الف) becoming (يُقَالُ).

يُقْوَلُ ⟶ يُقَوْلُ ⟶ يُقَالُ

[2] In the word (يُبْيَعُ), the (فتحة) of the (ي) is given to the (ب) becoming (يُبَيْعُ). Now due to the (فتحة) of the (ب) the (ي) changes into an (الف), thus becoming (يُبَاعُ).

يُبْيَعُ ⟶ يُبَيْعُ ⟶ يُبَاعُ

Remember

The conditions applicable to Rule 7 apply to Rule 8 as well.

(8.3) If such a (و) or (ي) is followed by a (ساكن), in the

case of (ضمة) and (كسرة), the (و) or (ي) will be deleted.

Example of (أجوف واوى)

In the word (لَمْ يَقُوْلْ) because of (إجتماع ساكنين) the (و) is deleted. It becomes (لَمْ يَقُلْ).

Example of أجوف يائى

In the word (لَمْ يَبِيْعْ), the (ي) is followed by a (ساكن), therefore the (ي) is deleted. It becomes (لَمْ يَبِعْ).

(8.4) If a (و) or (ي) is followed by a (ساكن) and preceded by a (فتحة), the (الف) (which was originally و or ي) is deleted.

Examples

(لَمْ يُقْوَلْ) changes to (لَمْ يُقَالْ). After the (الف) is deleted, it becomes (لَمْ يُقَلْ).

(لَمْ يُبْيَعْ) changes to (لَمْ يُبَاعْ). After the (الف) is deleted, it becomes (لَمْ يُبَعْ).

Important

This rule (Rule 8) does not apply to the words (مَــنْ وَعَـــدَ) because condition number one has not been fulfilled.

In the words (يَطْـــوِى) and (يَحْيَـــى), the rule is not applied because of condition number 2 - (عين لفيف).

The words (مِقْوَالٌ), (تِحْوَالٌ) and (تَمْيِـــيْزٌ) remain unchanged because of the fourth condition - (قبل مده زائده).

However, the (و) of the (اســم مفعـــول) is an exception to condition number 4. Despite there being a (مـــده زائــــده), the (حركة) of the (و) or (ي) will still be given to the previous letter.

Example of (اجوف واوي)

In the word (مَقْوُوْلٌ) which is the (اسم مفعـــول) of (قـــال), the (ضـــمة) of the (و) is still transferred to the (ق). It becomes (مَقُــوْوْلٌ). Due to (إجتمـــاع ســـاكنين), the first (و) is deleted. It becomes (مَقُوْلٌ).

Example of (أجوف يائى)

In the word (مَبْيُوْعٌ) which is the (اسم مفعــول) of (بَـاعَ), the (حركــة) of the (ي) is transferred to the (ب). It becomes (مَبُيْــوْعٌ). Due to (إجتمــاع ســاكنين), the (و) is deleted and it becomes (مَبُيْــعٌ). Since the corresponding (حركــة) of (ي) is a (كسرة), the (ب) is given a (كسرة). It becomes (مَبِيْعٌ).

Exception

In the words يَعْــوَرُ (to be one-eyed), يَصْــيَدُ (to have a crooked neck), أَسْــوَدُ (black), أَبْــيَضُ (white) and مُسْــوَدَّةٌ (black), due to condition number 6 (i.e. having the meaning of a colour or defect), no change occurs.

The aforementioned rule (Rule 8) does not apply to (إســم تفضــيل), that is those words on the scale of (أَقْــوَلُ); or (أفعال التعجب), like (مَا أَقْوَلَــهُ and أَقْــوِلْ بِــهِ); and words that are (ملحق برباعى), like (شَرْيَفَ and جَهْوَرَ).

Rule 9

(9.1) If there is a (و) in the (ع كلمة) of (الماضي المجهول), the preceding letter is made (ساكن) and the (حركة) of the (و) is transferred to the preceding letter. Then the (و) changes to (ي).

Example 1

قُوِلَ ⟶ قِوْلَ ⟶ قِيْلَ.

Example 2

أُنْقُوِدَ ⟶ أُنْقِوْدَ ⟶ أُنْقِيْدَ

(9.2) If there is a (ي) in (الماضي المجهول) in the place of the (ع كلمة), the preceding letter is made (ساكن) and the (حركة) of the (ي) is transferred to the preceding letter. No other changes are made.

Example 1

In the word (بُيِعَ) the (ب) is made (ساكن). It becomes (بْيِعَ). Now the (حركة) of the (ي) is transferred to the

(ب), thus becoming (بِيْعَ).

بُيِعَ ⟶ بِيْعَ ⟶ بِيْعَ

Example 2

In the word (أُخْـــتُيِرَ) the (ت) is made (ســاكن). It becomes (أُخْـــتْيِرَ). The (حركـــة) of the (ي) is transferred to the (ت). It becomes (أُخْـــتِيْرَ).

أُخْتُيِرَ ⟶ أُخْتْيِرَ ⟶ أُخْـــتِيْرَ

(9.3) It is also permissable to retain the (حركـــة) of the preceding letter and to make the (و) or the (ي) (ســاكن). In this case the (ي) changes to (و).

Examples

قُوِلَ ⟶ قُوْلَ

بُيِعَ ⟶ بُيْعَ ⟶ بُوْعَ

أُخْتُيِرَ ⟶ أُخْتُيْرَ ⟶ أُخْتُوْرَ

أُنْقُوِدَ ⟶ أُنْقُوْدَ

(9.4) It is also permissible to pronounce these words with

(إشمــام). (إشمــام) means to pronounce a (حركــة) in such a way that it has the effect of another (حركــة). For example in the word (قِيْــل), the (كســرة) of the (ق) is pronounced in such a way that it has the fragrance of a (ضمة).

Similar is the case with the (ب) of (بِيْــعَ). The (كســرة) of the (ب) will have the effect of a (ضــمة). The condition for this rule is that changes must have taken place in the (معــروف) form of the verb. Therefore, the word (أُعْتُــوِرَ) will remain unchanged because the (معــروف) form of this word, namely (إِعْتَوَرَ) was unaffected by any change.

(9.5) In (أجوف واوي), if the (ع كلمة) is (مفتوح) in (الماضي المعروف), after the (ي) is deleted in the (الماضي المجهول), the (فاء الكلمة) is given a (ضمة) from the (صيغة) of (جمع مؤنث غائــب) until the end (i.e. تثنيــة و جمــع مذكر و مؤنث متكلم).

Step by Step Example

قِيْلْتُ ← قِوْلْتُ ← قِوِلْتُ ← قُوِلْتُ

← قُلْتُ

(9.6) In (أجوف يـــائى), whatever the (حركـــة) may be, or that (أجـــوف واوى) where the (ع كلمـــة) is (مكســـور) in the (الماضي المعـــروف), after deleting the (ي), the (فـــاء الكلمـــة) is given a (كسرة) from the (صيغة) of (جمع مؤنـــث غائـــب) until the end, that is, (تثنية و جمع مذكر و مؤنث متكلم).

Example of (أجوف يائى)

بِعْتُ ← بِيْعْتُ ← بْيِعْتُ ← بُيِعْتُ

Example of such a (أجوف واوى) wherein the (عين الكلمة) is (مكسور)

خِفْنَ ← خِوْفْنَ ← خَوِفْنَ ← خُوِفْنَ

Note that the forms of (معـــروف) and (مجهـــول) are now the same. However the (أصـــل) - original form of each one will be different:

	Original Form	Changed Form
(الماضي المعروف)	قَوَلْتُ	قُلْتُ
(الماضي المجهول)	قُوِلْتُ	قُلْتُ
(الماضي المعروف)	بَيَعْتُ	بِعْتُ
(الماضي المجهول)	بُيِعْتُ	بِعْتُ
(الماضي المعروف)	خَوِفْتُ	خِفْتُ
(الماضي المجهول)	خُوِفْتُ	خِفْتُ

Note:

In the (مجهـــول) of (بـــاب أســـتفعال), the transferring of the (حركـــة) is not according to this rule i.e. rule number 9, but is due to rule number 8 (the rule of يَقُـــوْلُ). Therefore the rule of (قَـــوْلَ) and (إشمـــام) will not apply. For example (أُسْتُخْيِرَ) becomes (أُسْتُخِيْرَ).

Rule 10

(10.1) If the (لام الكلمة) of the following word form's (صيغة) is (و) or (ي), it becomes (ساكن) if it is preceded by a (ضمة) or a (كسرة):

1. يَفْعَلُ
2. تَفْعَلُ
3. أَفْعَلُ
4. نَفْعَلُ

Examples

(يَدْعُوُ) becomes (يَدْعُوْ) – example of (ناقص واوي)

(يَرْمِيُ) becomes (يَرْمِيْ) – example of (ناقص يائي)

If the (و) or (ي) of the (لام الكلمة) is preceded by a (فتحة), it becomes (الف) in accordance with the rule of (قَال).

Examples

(يَخْشَيُ) becomes (يَخْشَى) – example of (ناقص يائي)

(يَرْضَوُ) becomes (يَرْضَى) – example of (ناقص واوي)

(10.2) If a word has a (و) preceded by a (ضمة) and followed by another (و), that (و) falls off.

Example of (و)

In the word يَـــدْعُوُوْنَ (جمــع مـــذكر غائـــب), before the (و) there is a (ضمة) and after the (و) there is another (و). Therefore, the first (و) is made (ساكن) and the second one falls off due to (إجتماع ساكنين). It becomes (يَدْعُوْنَ).

If a (ي) is preceded by a (كسرة) and followed by another (ي), the first (ي) becomes (ساكن) and the other (ي) is deleted because of (إجتماع ساكنين).

Example of (ي)

In the word تَرْمِيِيْنَ (واحد مؤنـــث حاضـــر) there is a (كسرة) before the (ي) and it is followed by a second (ي). Therefore the first (ي) becomes (ساكن) and the second (ي) falls off. It becomes (تَرْمِيْنَ).

(10.3) If a (و) is preceded by a (ضمة) and followed by a

(ي), the preceding letter is made (ســــاكن) and the (حركـــة) of the (و) is transferred to the preceding letter. Then the (و) changes into a (ي) and falls off due to (إجتمـــاع ساكنين).

Example

In the word (تَـــدْعُوِيْنَ) the (و) is preceded by a (ضــمة) and followed by a (ي), therefore the preceding letter (ع) is made (ســـاكن) and the (حركـــة) of the (و) which is a (كســـرة) is transferred to the preceding letter, the (ع). It therefore becomes (تَـــدْعِوْيْنَ). Due to the preceding (كســـرة), the (و) changes into a (ي). Now due to (إجتمـــاع ســـاكنين) the (ي) is deleted. It becomes (تَدْعِيْنَ).

(10.4) If a (ي) is preceded by a (كســـرة) and followed by a (و), the preceding letter is made (ســـاكن) and the (حركـــة) of the (ي) is given to the preceding letter. Then the (ي) changes into a (و) and falls off due to (إجتماع ساكنين).

Example

In the word (يَرْمِيُــوْنَ), the (ي) is preceded by a (كســـرة) and followed by a (و). Therefore, the preceding letter (م) is made (ساكن) and the (حركـــة) of the (ي) which is a (ضـــمة), is transferred to the preceding letter (م). It becomes (يَرْمُيْـــوْنَ). Due to the preceding (ضـــمة), the (ي) changes to (و). It becomes (يَرْمُـــوْوْنَ). Now due to (إجتمـــاع ســـاكنين), the (و) is deleted. It becomes (يَرْمُوْنَ).

Further Examples

لَقِيُوْا (الماضي المعروف - فَعِلُوْا) becomes لَقُوْا.

رُمِيُوْا (الماضي المجهول - فُعِلُوْا) becomes رُمُوْا.

Step by Step

لَقِيُوْا → لَقْيُوْا → لَقُيْوْا → لَقُوْوْا → لَقُوْا

رُمِيُوْا → رُمْيُوْ → رُمُيْوْا → رُمُوْوْا → رُمُوْا

Exercise 43

(a) Identify the rules or changes of (معتـــل) in the following words:

(1) دُمْتُ	(6) إِتَّزَنَ
(2) يَرِثُ	(7) وُقُوْفٌ
(3) ضَعَةٌ	(8) رَضُوْا
(4) مِيْرَاثٌ	(9) رُمْنَ
(5) مُوْقِظٌ	(10) يَدِيْنُ

Rule 11

If a (و) appears in the place of the (لام الكلمـــة) after a (كسرة), the (و) changes into a (ي).

Example

In the word (دُعِـــوَ) the (و) appears in the place of the (لام الكلمـــة) after a (كســـرة). Therefore the (و) changes into a (ي). It becomes (دُعِيَ).

The same change occurs in (دُعِيَا), (دَاعِيَانِ) and (دَاعِيَةٌ).

دُعِوَ ⟶ دُعِيَ

دُعِيَا ← دُعِوَا

دَاعِيَانِ ← دَاعِوَانِ

دَاعِيَةٌ ← دَاعِوَةٌ

Rule 12

If a (ي) is in the place of the (لام الكلمة), preceded by a (ضمة), the (ي) changes into a (و).

Example

In the word نَهُيَ , which is (واحد مذكر غائب) of (باب كَرُمَ) from the masdar (نَهَاوَةٌ), meaning intellect, the (ي) is in the place of the (لام الكلمة), preceded by a (ضمة). The (ي) changes into a (و). It becomes (نَهُوَ).

Rule 13

(13.1) If a (و) comes in the place of the (ع كلمـــة) preceded by a (كســرة) in the (مصـــدر), it changes into a (ي), on condition that (تعليل – a change) occurred in the (فعل).

Examples

1. The word قِيَامًا (which is the مصـــدر of قَـــامَ) was originally قِوَامًا.

2. The word صِــيَامًا (which is the مصـــدر of صَـــامَ) was originally صِوَامًا.

However, the word (قِوَامًا) which is the (مصدر) of (قَاوَمَ) of (بـــاب مفاعلـــة) remains unchanged, because no (تعليـــل) occurred in the (فعل). The (فعل) is (قَاوَمَ).

(13.2) The same (تعليـــل) occurs if a (و) comes in place of the (ع كلمـــة) of a word that is (جمـــع), on condition that (و) is (ساكن) in the (واحـــد صـــيغة) or (تعليـــل) took place in the (و) of the (واحد صيغة).

Examples

1. The word حِــوَاضٌ (the جمــع of the word حَــوْضٌ) changes to حِيَــاضٌ. This is an example of a (جمـع) in which the (و) is (ساكن).

2. The word جِــوَادٌ (the جمــع of the word جَيِّــدٌ) changes to جِيَــادٌ. This is an example of a (جمـع) in which the (و) is changed in the original (from جَيْوِدٌ to جَيِّدٌ).

Rule 14

(14.1) If a (و) or (ي) which are are not changed from any other letter, come together in one word, which is not (ملحــق بربــاعى) (on the scale of دَحْــرَجَ) and the first of the two, namely the (و) or (ي) is (ســاكن), then the (و) changes into a (ي). Then (إدغــام) is made and the preceding (ضــمة) is changed into (كسرة).

Examples

1. In the word سَــيْوِدٌ , (و) and (ي) come together, and the first of the two i.e. the (ي) is (ســاكن). Therefore the (و) changes into a (ي), thereby becoming (سَــيْيِدٌ). After

(إدغام) is made, it becomes (سَيِّدٌ).

2. In the word (مَرْمُوْيٌ), (و) and (ي) come together, and the first of the two i.e. the (و) is (ساكن). Therefore the (و) changes into a (ي), thereby becoming (مَرْمُيْيٌ). After (إدغام) is made, it becomes (مَرْمُيٌّ). The (ضمة) of the (م) is changed to a (كسرة), thereby becoming (مَرْمِيٌّ).

3. In the word (مُضُوْيٌ), (which is the مصدر of مَضَى يَمْضِيْ), the (و) and (ي) come together, and the first of the two i.e. the (و) is (ساكن). Therefore the (و) changes into a (ي) becoming مُضُيْيٌ. After (إدغام) is made, it becomes (مُضُيٌّ). The (ضمة) of the (م) is changed to (كسرة) thereby becoming (مُضِيٌّ). It is also permissible to read the (م) with (كسرة) corresponding with the (حركة) of the (ض), that is (مِضِيٌّ).

(14.2) The (أمر حاضر) of (أَوَي – يَأْوِيْ – أُوِيًّا – to take refuge) is (إِأْوِ). The (ء) changes to a (ي). It becomes إِيْوِ, . Because this (ي) has changed from a (همزة), rule 14.1 will not apply.

Another example where this rule will not apply is the word
(ضَيْوَنٌ). No change occurs because it is (ملحق برباعی).

If the (و) and (ي) are in different words, no change will occur.

Example

(1) إِيْ وَاللهِ – the (و) will not change into a (ي).

(2) رَائِـــيْ وَزِيْـــرِ الْمَعَـــارِفِ - the (ي) of the word (رَائِـيْ) and the (و) of the word (وَزِيْـــرِ) are in different words and will therefore remain unchanged.

Rule 15

If a word is on the scale of (فُعُوْلٌ) and it has two (و)'s at the end of the word, then both the (و)'s are changed into (ي) and (إدغـــام) is made. The (ضــمة) of the preceding letter (عـــين الكلمـــة) is changed into (كســرة) and it is also permissible to give the (فاء الكلمة) a (كسرة).

Example

The word (دُلُوْوٌ) (جمـــع of دَلْـوٌ) is on the scale of (فُعُـوْلٌ). Therefore, according to the above rule, both the (و)'s are changed into (ي). It becomes (دُلُيْيٌ). Then (إدغـــام) is made thereby becoming (دُلُيٌّ). After changing the (ضــمة) of the preceding letter into (كســرة), it becomes دُلِيٌّ. It is also permissible to read it as دِلِيٌّ.

❖ ❖ ❖ ❖ ❖

Rule 16

(16.1) If there is a (و) in the (لام الكلمـــة) of an (اســـم) preceded by a (ضـــمة), the (ضــمة) will be changed into a (كســرة) and the (و) into a (ي). The (ي) is then made

(ساكن). Due to (إجتماع ساكنين), the (ي) is deleted.

Example

In the word (أَدْلُوٌ) - (جمع of دَلْوٌ), the (و) is on the (لام الكلمة) of an (اسم) preceded by a (ضمة). Therefore the (ضمة) will be changed into a (كسرة) becoming (أَدْلِوٌ). Then the (و) changes into a (ي), thereby becoming (أَدْلِيٌ), which can also be written as (أَدْلِيُنْ). After (ي) is made (ساكن), due to (إجتماع ساكنين), the (ي) is deleted. It becomes (أَدْلِنْ) which can also be written as (أَدْلٍ).

Step by Step Example

أَدْلُوٌ ⟶ أَدْلِوٌ ⟶ أَدْلِيٌ (أَدْلِيُنْ) ⟶ أَدْلِنْ
⟶ أَدْلٍ

(16.2) The law of (16.1) will also occur on a مصدر, which is from (باب تفعّل) and is (ناقص واوي).

Example

The word (تَعَلُّوٌ) undergoes the following changes, eventually becoming (تَعَلٍّ).

تَعَلُّوٌ ⟶ تَعَلُّيٌ ⟶ تَعَلُّيُنْ ⟶ تَعَلِّيْنْ ⟶ تَعَلِّنْ

⟶ تَعَلٍّ

(16.3) The law of 16.1 will also occur on a (مصدر), which is from (باب تفاعل) and is (ناقص واوي).

Example

The word (تَعَالُوٌ) undergoes the following changes, eventually becoming (تَعَالٍ).

تَعَالُوٌ ⟶ تَعَالُيٌ ⟶ تَعَالُيُنْ ⟶ تَعَالِيْنْ ⟶ تَعَالِنْ

⟶ تَعَالٍ

(16.4) If a (ي) comes in the (لام الكلمة) of an اسم and is preceded by a letter which has a (ضمة), the (ضمة) is changed into a (كسرة).

Example

The word (أَظْبُيٌ) - (جمع of ظَبْـيٌ) changes to (أَظْبِـيٌ) , which can also be written as (أَظْبِـيُنْ). The (ي) is made (ساكن) so it becomes (أَظْبِـيْنْ). Due to (إجتماع ساكنين), the (ي) is deleted. It becomes (أَظْـبِنْ), which can also be written as

(أَظْبٍ).

Step by Step Example

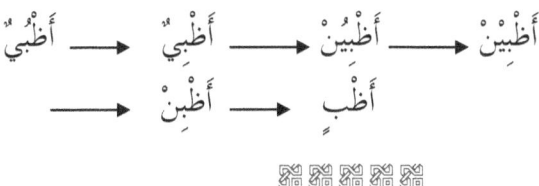

أَظْبُيٌ ← أَظْبِيٌ ← أَظْبُيِنْ ← أَظْبِيِنْ

← أَظْبِنْ ← أَظْبٍ

Rule 17

(17.1) If a (و) or (ي) comes in the place of the (ع كلمة) of a word which is (اسم فاعل), the (و) or (ي) changes into a (ء), on condition that change took places in the (فعل).

Examples

1. The word (قَاوِلٌ) changes to (قَائِلٌ). (Changes took place in its فعل from قَوَلَ to قَالَ).

2. The word (بَايِعٌ) changes to (بَائِعٌ). (Changes took place in its فعل from بَيَعَ to بَاعَ).

(17.2) Sometimes the (حرف العلة) is deleted as in the case of (هَارٌ) which was originally (هَائِرٌ). This word is used in the Qur'ân: (عَلَى شَفَا جُرُفٍ هَارٍ)

Exception

In the word (الرَّاوِيْ) the (و) will not change into a (همزة) because no change took place in the فعل (رَوَى يَرْوِيْ).

🔲 🔲 🔲 🔲 🔲

Rule 18

If a (و زائد) or (ي زائد) or (الف زائد) appears after the (الـــف) of (مَفَاعِلُ), it changes into a (همزة).

Examples

1. The word (عَجَـــاوِزُ) changes to (عَجَـــائِزُ) - (جمـــع) of the word (عَجُوْزٌ). This is an example of (و).

2. The word (شَـــرَاوِفُ) changes to (شَـــرَائِفُ) - (جمـــع) of the word (شَرِيْفَةٌ). This is an example of (ي).

3. The word (رَسَاالُ) changes to (رَسَـــائِلُ) - (جمـــع) of the word (رِسَالَةٌ). This is an example of (الف زائد).

Exception

The (جمـــع) of the word (مُصِـــيْبَةٌ) is (مَصَـــائِبُ). Although the (ي) is original, it changed into (همـــزة). This is an exception to the rule.

Rule 19

If a (و) or (ي) comes at the end of a word after (الــف زائــد), they change into a (همــزة). This rule applies to all kinds of words, namely مصدر, مفرد, جمع, مشتق and جامد.

Examples of مصدر

i. دُعَاوٌ ⟶ دُعَاءٌ (example of و) – (دُعَــــاءٌ means supplication).

ii. رُوَايٌ ⟶ رُوَاءٌ (example of ي) - (رُوَاءٌ means pleasing appearance).

Examples of جمع

i. دِعَاوٌ ⟶ دِعَاءٌ (جمع of دَاعٍ)

ii. أَسْمَاوٌ ⟶ أَسْمَاءٌ (جمع of إِســـمٌ, which was originally سِمْوٌ).

i. أَحْيَايٌ ⟶ أَحْيَاءٌ (جمع of حَيٌّ).

Examples of اسم جامد

i. كِسَاوٌ ⟶ كِسَاءٌ (example of و)

ii. رِدَايٌ ⟶ رِدَاءٌ (example of ي)

Rule 20

(20.1) If a (و) comes in the fourth position or later in a word and it is not preceded by a (ضمة) or a (و ساكن), it changes into a (ي).

Examples

1. The word (يُدْعَيَانِ) was originally (يُدْعَوَانِ). The (و) is in the fourth position of the (فعل), thus it changes into a (ي).

2. The word (أَعْلَيْتُ) was originally (أَعْلَوْتُ). The (و) is in the 4th position of the (فعل), thus it changes into a (ي).

3. The word (إِسْتَعْلَيْتُ) was originally (إِسْتَعْلَوْتُ). The (و) is in the sixth position of the (فعل), thus it changes into a (ي).

(20.2) The plural of (مِـدْعَاءٌ) is (مَـدَاعِيٌّ), which originally was (مَـدَاعِيْوُ). In this word, the (و) is in the sixth position. It changes into a (ي) and (إدغـام) is made. It becomes (مَـدَاعِيٌّ). The rule of (سَـيِّدٌ) (Rule number 14, example 2) is not applicable here because the (ي) has changed from an (الـف). The (مفـرد) of this word is (مِـدْعَاءٌ). In Rule 14, the condition was that the (و) or (ي) must not be changed from another letter.

Rule 21

(21.1) The (الـف) that comes after a (ضـمة) changes into a (و).

Examples

1. The word (ضُـوْرِبَ) was originally (ضُـارِبَ) - (the [ماضى مجهول] of ضَـارَبَ يُضَـارِبُ). The (الـف) is preceded by a (ضمة), thus it changes into a (و).

2. The word ضُـوَيْرِبٌ - (اسـم تصـغير) of (ضَـارِبٌ) was originally (ضُـايْرِبٌ). The (الـف) is preceded by a (ضـمة), thus it changes into a (و).

(21.2) The (الــف) that comes after a (كســرة) changes into a (ي).

Example

The word مَحَارِيْــبُ (plural of مِحْــرَابٌ) was originally مَحَــارِابُ. The (الــف) is preceded by a (كســرة), thus it changes into a (ي). It becomes (مَحَارِيْبُ) .

Rule 22

If there is an (الــف زائد) before the (الــف) of (تــثــنية) or (جمع مؤنث سالم), it changes into a (ي).

Example

i. The (تثنية) of (حُبْلَــى) is (حُبْلَيَــانِ). The end of the word (حُبْلَى) has an (الــف) which does not accept a (حركــة). Therefore, the (الف) is changed into (ي).

ii. The (جمع) of (حُبْلَى) is (حُبْلَيَاتٌ). Here also the the (الف) of (حُبْلَى) is changed into (ي).

Rule 23

If (ي) appears as the (ع كلمة) of either a plural on the scale of (فُعْلٌ) or it appears in the feminine adjective on the scale of (فُعْلَى), the preceding letter is given a (كسرة).

Examples

1. The word (بِيْضٌ) (plural of بَيْضَاءُ and أَبْيَضُ) was originally بُيْضٌ. The (ي) appears as the (ع كلمة) of (فُعْلٌ), thus the preceding letter is made (مكسور). It becomes (بِيْضٌ).

2. The word (حِيْكَى – meaning 'to walk arrogantly') was originally (حُيْكَى). The (ي) appears as the (ع كلمة) of the feminine (فُعْلَى), thus the preceding letter is made (مكسور). It becomes (حِيْكَى).

Note:

This rule is like an exception to Rule 3 where the (ي) changes to (و). Instead of changing the (ي) to (و), the (ي) is maintained and the (ضمة) which is the preceding (حركة), is changed to (كسرة).

The (اسم تفضيل) falls in the category of (اسم ذات), that is, a noun not having any descriptive qualities.

Examples

(طُوبَى) - the (مؤنث) of (أطيب). It was originally (طُيْبَى) - purer. The (ي) is changed to (و).

(كُوسَى) – the (مؤنث) of (أَكْيَس). It was originally (كُيْسَى) - (more intelligent). The (ي) is changed to (و).

Step by Step Examples

طُوبَى ← طُيْبَى

كُوسَى ← كُيْسَى

Rule 24

If a (مصدر) comes on the scale of (فَعْلُولَةٌ) and the (كلمة ع) is a (و), the (و) will change into a (ي).

Example

The word (كَيْنُونَةٌ) was originally (كَوْنُونَةٌ), the (ع كلمة) is a (و), thus it changes into a (ي) thereby becoming (كَيْنُونَةٌ).

Rule 25

The rule for words on the scale of (أَفَاعِلُ) or (مَفَاعِـــلُ), is that if they end in (ي), and are (نكرة), [that is, they are neither (معرف بالام) nor (مضاف)], then in (حالة الرفـــع والجـــر), the (ي) is deleted. The (ع كلمة) is now read with tanwīn.

In (حالة النصب), the word will remain (مفتوح).

Example of (نكرة), that is, they are neither (معرف بـــالام) nor (مضاف): (جَوَارِيٌّ) changes to (جَوَارٍ).

حالة الرفع والجر	حالة النصب	حالة والجر
هَذِهِ جَوَارٍ	رَأَيْتُ جَوَارِيًا	مَرَرْتُ بِجَوَارٍ

If they are (معرفة), the (ي) becomes (ساكن) in (حالة الرفع والجـــر) and in (حالـــة النصـــب), the (ي) will be (مفتوح).

Examples: (الجَوَارِىُ) changes to (الجَوَارِىْ) or (الجَوَارِىَ).

حالة الرفع والجر	حالة النصب	حالة والجر
هَذِهِ الجَوَارِىْ	رَأَيْتُ الجَوَارِىَ	مَرَرْتُ بِالجَوَارِىْ

All words having (ي متحرك) preceded by a (كسرة) follow this rule. Such words are called (إسم منقوص).

Examples:

<u>نكرة</u>

هُوَ هَادٍ لِكُلِّ عَاصٍ وَ إِنْ كَانَ مُتَمَادِيًا

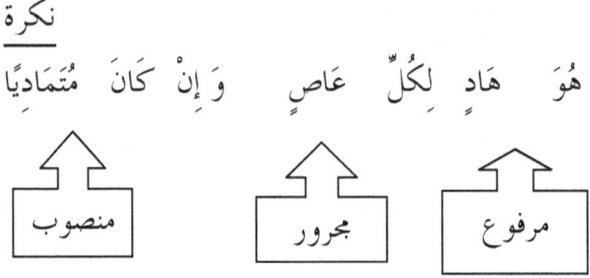

منصوب
مرفوع

<u>معرفة</u>

هُوَ الهَادِىْ لِكُلِّ العَاصِىْ وَ إِنْ كَانَ المُتَمَادِىَ

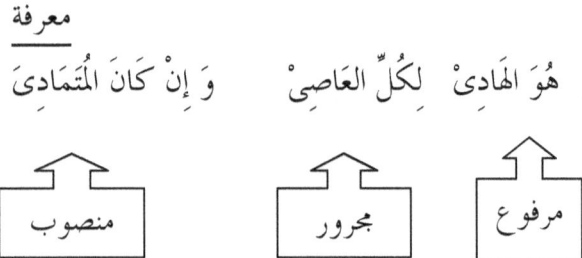

منصوب
مرفوع

Step by Step

<u>نكرة</u>

رَامِيٌ → رَامِيُنْ → رَامِنْ → رَامٍ

معرفة

اَلرَّامِيْ ← اَلرَّامِيُ

Rule 26

(26.1) If a (و) comes in place of the (لام الكلمة)of (فُعْلَـــى) in a word which is either (إسم جامد) or (إسـم تفضـــيل), it changes into a (ي).

Examples

i. The word (دُنْيَا) was originally (دُنْوَا). A (و) comes in place of the (لام الكلمة) of (فُعْلَى). Thus it changes into a (ي). It becomes (دُنْيَا). This is the (إسم تفضيل) from (دَنَا يَدْنُوْ دُنُوًّا) – to be near, [باب نصر].

ii. The word (عُلْيَــا) was originally (عُلْــوَا). A (و) comes in place of the (لام الكلمة) of (فُعْلَــى). Thus it changes into a (ي). It becomes (عُلْيَا). This is the (إسم تفضيل) from (عَلَا يَعْلُوْ عُلُوًّا)- to be high, [باب نصر].

Exception

If this word is a (صـــفة), it remains unchanged e.g. غُـــزْوَى (a female warrior).

(26.2) If a (ي) comes in place of the (لام الكلمـــة) of a word on the scale of (فَعْلَى), it changes into a (و).

Example

The word (تَقْوَى) was originally (تَقْيَا). A (ي) comes in place of the (لام الكلمة) of this word. Thus it changes into a (و).

Exercise 44

(a) Apply the rules of (معتل) to the following words:

(1) سُرِيَ	(6) سَمَاءٌ
(2) مَرْضِيٌّ	(7) يُسْمَيَانِ
(3) تَدَاعٍ	(8) سُوَيْمِعٌ
(4) رَائِمٌ	(9) جُوْهِدَ
(5) دَائِنٌ	(10) حُسْنَيَانِ

The Paradigms of (مثال)

مثال واوي من باب ضَرَبَ ـــ الْوَعْدُ وَالْعِدَةُ

وَعَدَ يَعِدُ وَعْدًا فَهُوَ وَاعِدٌ وَوُعِدَ يُوْعَدُ وَعْدًا فَهُوَ مَوْعُوْدٌ اَلْأَمْرُ مِنْهُ عِدْ وَالنَّهْيُ عَنْهُ لاَ تَعِدْ الظَّرْفُ مِنْهُ مَوْعِدٌ مَوْعِدَانِ مَوَاعِدُ وَالْآلَةُ مِنْهُ مِيْعَدٌ مِيْعَدَانِ مَوَاعِدُ مِيْعَدَةٌ مِيْعَدَتَانِ مِيْعَادٌ مِيْعَادَانِ مَوَاعِيْدُ وَأَفْعَلُ التَّفْضِيْلِ مِنْهُ أَوْعَدُ أَوْعَدَانِ أَوْعَدُوْنَ وَأَوَاعِدُ وَالْمُؤَنَّثُ مِنْهُ وُعْدَي وُعْدَيَانِ وُعَدٌ وَ وُعْدَيَاتٌ

Analysis of the changes

(1) The verbs of (مثال واوي) are used in all the (أبواب) except (باب نصر).

(2) The (و) of (المضارع المعروف) has been deleted due to rule no.1 – the rule of (يَعِدُ).

(3) The (و) of the (مصدر) has been deleted due to rule no.2 – the rule of (عِدَةٌ).

(4) In (الماضي المجهول), the (و) can be changed to (همزة) according to rule no. 5 – the rule of (أُجُوْهٌ). Accordingly, (وُعِدَ) can be pronounced as (أُعِدَ). The same applies to the

feminine of the (اســـم التفضـــيل) – (وُعْـــدَى) can be pronounced as (أُعْدَى).

(5) The broken plural - (جمـــع مكســـر) of the (اســـم الفاعـــل مؤنـــث) which is (أَوَاعِـــدُ) was originally (وَوَاعِـــدُ). The first (و) is changed to a (همـــزة) according to rule no. 6 - the rule of (أَوَاصِلُ).

(6) The (و) of the (اســـم الآلـــة) has changed to (ي) according to rule no. 3 – the rule of (مِيْعَادٌ).

(7) However, the (و) is unchanged in the dimunitive (اســـم التصـــغير) of the (اســـم الآلـــة) – (مُوَيْعِيْـــدٌ) and in the (جمـــع مكســـر) – (مَوَاعِيْـــدُ), because the reason for the change is not found, namely the (وْ) and a preceding (كسرة).

مثال يائي من باب ضَرَبَ ـــ الْمَيْسِرُ

يَسَرَ يَيْسِرُ مَيْسِرًا فَهُوَ ياسِرٌ وَيُسِرَ يُوْسَرُ مَيْسِرًا فَهُوَ مَيْسُوْرٌ اَلْأَمْرُ مِنْهُ إِيْسِرْ وَالنَّهْيُ عَنْهُ لاَ تَيْسِرْ

Analysis of the changes

(1) In this (بـــاب), the only change that has occurred is in the (المضـــارع المجهـــول) where the (ي) has changed to a (و) according to rule no. 3 – the rule of (مُوْسِرٌ).

مثال واوي من باب سَمِعَ ـــ الْوَجْلُ

وَجِلَ يَوْجَلُ وَجْلًا فَهُوَ وَاجِلٌ وَوُجِلَ يُوْجَلُ وَجْلًا فَهُوَ مَوْجُوْلٌ اَلْأَمْرُ مِنْهُ إِيْجَلْ وَالنَّهْيُ عَنْهُ لاَ تَوْجَلْ

Analysis of the changes

(1) In the imperative (أمـــر حاضـــر) - (بـــاب) , the (و) has changed to a (ي) according to rule no. 3 – the rule of (مِيْعَادٌ). The same rule applies to the (اسم الآلـــة) – (مِيْجَـــلٌ وَ مِيْجَلَةٌ وَ مِيْجَالٌ).

(2) In the word (أَوَاجِـــلُ), the (و) has changed to a (همـــزة) according to rule no. 6 – the rule of (أَوَاصِلُ).

(3) It is permissible to change the (و) to a (همـــزة) in (وُجِـــلَ) – the (واحد مذكر غائـــب الماضـــي المجهـــول) and in (وُجَـــلٌ) – the broken plural of the (اسم التفضيل مؤنث).

There is no other change in this (باب).

مثال واوي آخر من باب سَمِعَ ـــ الْوَسْع وَالسَّعَةُ

وَسِعَ يَسَعُ وَسْعًا وَسَعَةً فَهُوَ وَاسِعٌ وَ وُسِعَ يُوْسَعُ وَسْعًا وَسَعَةً فَهُوَ مَوْسُوْعٌ اَلْأَمْرُ مِنْهُ سَعْ وَالنَّهْيُ عَنْهُ لاَ تَسَعْ

مثال واوي من باب فَتَحَ ـــ الْهِبَةُ

وَهَبَ يَهَبُ هِبَةً فَهُوَ وَاهِبٌ وَوُهِبَ يُوْهَبُ هِبَةً فَهُوَ مَوْهُوْبٌ اَلْأَمْرُ مِنْهُ هَبْ وَالنَّهْيُ عَنْهُ لاَ تَهَبْ

Analysis of the changes

(1) In both the above-mentioned (أبـــواب), the (و) of the (مضـــارع) has been deleted due to rule no.1 – the rule of (يَعِـــدُ). The changes in the other words are similar to (وَعَـــدَ يَعِدُ).

مثال واوي من باب حَسِبَ ـــ الْوَمَقُ وَالمِقَةُ

وَمَقَ يَمِقُ وَمَقًا وَمِقَةً فَهُوَ وَامِقٌ وَ وُمِقَ يُوْمَقُ وَمَقًا وَمِقَةً فَهُوَ مَوْمُوْقٌ اَلْأَمْرُ مِنْهُ مِقْ وَالنَّهْيُ عَنْهُ لاَ تَمِقْ

Analysis of the changes

(1) The changes in this (بــاب) are similar to those of (وَعَــدَ يَعِدُ).

مثال واوي من باب إفتعال ـــ الْإتِّقَادُ

إِتَّقَدَ يَتَّقِدُ إِتِّقَادًا فَهُوَ مُتَّقِدٌ وَ أُتُّقِدَ يُتَّقَدُ إِتِّقَادًا فَهُوَ مُتَّقَدٌ اَلْأَمْرُ مِنْهُ إِتَّقِدْ وَالنَّهْيُ عَنْهُ لاَ تَتَّقِدْ

مثال يائي من باب إفتعال ـــ الْإتِّسَارُ

إِتَّسَرَ يَتَّسِرُ إِتِّسَارًا فَهُوَ مُتَّسِرٌ وَ أُتُّسِرَ يُتَّسَرُ إِتِّسَارًا فَهُوَ مُتَّسَرٌ اَلْأَمْرُ مِنْهُ إِتَّسِرْ وَالنَّهْيُ عَنْهُ لاَ تَتَّسِرْ

Analysis of the changes

(1) According to rule no. 4 – the rule of (إِتَّقَــدَ), the (و) and (ي) have changed into (ت) and have been assimilated into the (ت).

مثال واوي من باب إفعال ــ اَلْإِيْقَادُ

أَوْقَدَ يُوْقِدُ إِيْقَادًا فَهُوَ مُوْقِدٌ وَ أُوْقِدَ يُوْقَدُ إِيْقَادًا فَهُوَ مُوْقَدٌ اَلْأَمْرُ مِنْهُ أَوْقِدْ وَالنَّهْيُ عَنْهُ لاَ تُوْقِدْ

مثال واوي من باب إستفعال ــ اَلْإِسْتِيْقَادُ

إِسْتَوْقَدَ يَسْتَوْقِدُ إِسْتِيْقَادًا فَهُوَ مُسْتَوْقِدٌ وَ أُسْتُوْقِدَ يُسْتَوْقَدُ إِسْتِيْقَادًا فَهُوَ مُسْتَوْقَدٌ اَلْأَمْرُ مِنْهُ إِسْتَوْقِدْ وَالنَّهْيُ عَنْهُ لاَ تَسْتَوْقِدْ

Analysis of the changes

(1) In both the paradigms, the (و) has changed into (ي) according to rule no. 3 – the rule of (مِيْعَادٌ).

Exercise 45

(a) Conjugate the following verbs:

(1) وَضَعَ

(2) يَتَمَ

(3) إِتَّسَمَ

(4) أَيْقَظَ

(5) إِسْتَيْقَظَ

(6) يَاسَرَ

(7) جَاوَبَ

(9) إِنْقَادَ

(10) وَحَّدَ

The Paradigms of (أجوف)

أجوف واوي من باب نَصَرَ ــ الْقَوْلُ

قَالَ يَقُوْلُ قَوْلاً فَهُوَ قَائِلٌ وَ قِيْلَ يُقَالُ قَوْلاً فَهُوَ مَقُوْلٌ اَلْأَمْرُ مِنْهُ قُلْ وَالنَّهْيُ عَنْهُ لاَ تَقُلْ الظَّرْفُ مِنْهُ مَقَالٌ مَقَالَان مقاوِلُ وَالْآلَةُ مِنْهُ مِقْوَلٌ مِقْوَلَانِ مقاوِلُ مِقْوَلَةٌ مِقْوَلَتَان مقاوِلُ مِقْوَالٌ مِقْوَالَان مَقَاوِيْلُ وَأَفْعَلُ التَّفْضِيْلِ مِنْهُ أَقْوَلُ أَقْوَلَانِ أَقْوَلُوْنَ وَأَقَاوِلُ وَالْمُؤَنَّثُ مِنْهُ قُوْلَي قُوْلَيَانِ قُوَلٌ وَقُوْلَيَاتٌ

There is no change in the words (مِقْــوَلٌ) and (مِقْوَلَـــةٌ) because they were originally (مِقْـــوَالٌ). No change occurred in (مِقْـــوَالٌ) because of the exception in rule no. 8, namely that the (و) should not be followed by an (الف).

Hereunder follow the paradigms of the (الماضـــــي) and (مضـــارع). All other verbs which are (مثـــال واوي) from this (باب) follow the same pattern.

الماضي المعروف	الماضي المجهول	المضارع المعروف	المضارع المجهول	تأكيد النفي مع لن ، معروف	تأكيد النفي مع لن ، مجهول
قَالَ	قِيْلَ	يَقُوْلُ	يُقَالُ	لَنْ يَقُوْلَ	لَنْ يُقَالَ
قَالَا	قِيْلَا	يَقُوْلَانِ	يُقَالَانِ	لَنْ يَقُوْلَا	لَنْ يُقَالَا
قَالُوْا	قِيْلُوْا	يَقُوْلُوْنَ	يُقَالُوْنَ	لَنْ يَقُوْلُوْا	لَنْ يُقَالُوْا
قَالَتْ	قِيْلَتْ	تَقُوْلُ	تُقَالُ	لَنْ تَقُوْلَ	لَنْ تُقَالَ
قَالَتَا	قِيْلَتَا	تَقُوْلَانِ	تُقَالَانِ	لَنْ تَقُوْلَا	لَنْ تُقَالَا
قُلْنَ	قُلْنَ	يَقُلْنَ	يُقَلْنَ	لَنْ يَقُلْنَ	لَنْ يُقَلْنَ
قُلْتَ	قُلْتَ	تَقُوْلُ	تُقَالُ	لَنْ تَقُوْلَ	لَنْ تُقَالَ
قُلْتُمَا	قُلْتُمَا	تَقُوْلَانِ	تُقَالَانِ	لَنْ تَقُوْلَا	لَنْ تُقَالَا
قُلْتُمْ	قُلْتُمْ	تَقُوْلُوْنَ	تُقَالُوْنَ	لَنْ تَقُوْلُوْا	لَنْ تُقَالُوْا
قُلْتِ	قُلْتِ	تَقُوْلِيْنَ	تُقَالِيْنَ	لَنْ تَقُوْلِيْ	لَنْ تُقَالِيْ
قُلْتُمَا	قُلْتُمَا	تَقُوْلَانِ	تُقَالَانِ	لَنْ تَقُوْلَا	لَنْ تُقَالَا
قُلْتُنَّ	قُلْتُنَّ	تَقُلْنَ	تُقَلْنَ	لَنْ تَقُلْنَ	لَنْ تُقَلْنَ
قُلْتُ	قُلْتُ	اَقُوْلُ	اُقَالُ	لَنْ اَقُوْلَ	لَنْ اُقَالَ
قُلْنَا	قُلْنَا	نَقُوْلُ	نُقَالُ	لَنْ نَقُوْلَ	لَنْ نُقَالَ

النفي مع لم ، معروف	النفي مع لم ، مجهول	المضارع المعروف مع النون الثقيلة	المضارع المجهول مع النون الثقيلة
لَمْ يَقُلْ	لَمْ يُقَلْ	لَيَقُوْلَنَّ	لَيُقَالَنَّ
لَمْ يَقُوْلَا	لَمْ يُقَالَا	لَيَقُوْلَانِّ	لَيُقَالَانِّ
لَمْ يَقُوْلُوْا	لَمْ يُقَالُوْا	لَيَقُوْلُنَّ	لَيُقَالُنَّ
لَمْ تَقُلْ	لَمْ تُقَلْ	لَتَقُوْلَنَّ	لَتُقَالَنَّ
لَمْ تَقُوْلَا	لَمْ تُقَالَا	لَتَقُوْلَانِّ	لَتُقَالَانِّ
لَمْ يَقُلْنَ	لَمْ يُقَلْنَ	لَيَقُلْنَانِّ	لَيُقَلْنَانِّ
لَمْ تَقُلْ	لَمْ تُقَلْ	لَتَقُوْلَنَّ	لَتُقَالَنَّ
لَمْ تَقُوْلَا	لَمْ تُقَالَا	لَتَقُوْلَانِّ	لَتُقَالَانِّ
لَمْ تَقُوْلُوْا	لَمْ تُقَالُوْا	لَتَقُوْلُنَّ	لَتُقَالُنَّ
لَمْ تَقُوْلِيْ	لَمْ تُقَالِيْ	لَتَقُوْلِنَّ	لَتُقَالِنَّ
لَمْ تَقُوْلَا	لَمْ تُقَالَا	لَتَقُوْلَانِّ	لَتُقَالَانِّ
لَمْ تَقُلْنَ	لَمْ تُقَلْنَ	لَتَقُلْنَانِّ	لَتُقَلْنَانِّ
لَمْ اَقُلْ	لَمْ اُقَلْ	لَاَقُوْلَنَّ	لَاُقَالَنَّ
لَمْ نَقُلْ	لَمْ نُقَلْ	لَنَقُوْلَنَّ	لَنُقَالَنَّ

المضارع المعروف مع النون الخفيفة : لَيَقُوْلَنْ ، لَيَقُوْلُنْ ، لَتَقُوْلَنْ ، لَتَقُوْلَنْ ، لَتَقُوْلُنْ ، لَتَقُوْلِنْ ، لَأَقُوْلَنْ ، لَنَقُوْلَنْ

المضارع المجهول مع النون الخفيفة : لَيُقَالَنْ ، لَيُقَالُنْ ، لَتُقَالَنْ ، لَتُقَالَنْ ، لَتُقَالُنْ ، لَتُقَالِنْ ، لَأُقَالَنْ ، لَنُقَالَنْ

الأمر المعروف	الأمر المجهول	الأمر المعروف مع النون الثقيلة	الأمر المجهول مع النون الثقيلة
لِيَقُلْ	لِيُقَلْ	لِيَقُوْلَنَّ	لِيُقَالَنَّ
لِيَقُوْلَا	لِيُقَالَا	لِيَقُوْلَانِّ	لِيُقَالَانِّ
لِيَقُوْلُوْا	لِيُقَالُوْا	لِيَقُوْلُنَّ	لِيُقَالُنَّ
لِتَقُلْ	لِتُقَلْ	لِتَقُوْلَنَّ	لِتُقَالَنَّ
لِتَقُوْلَا	لِتُقَالَا	لِتَقُوْلَانِّ	لِتُقَالَانِّ
لِيَقُلْنَ	لِيُقَلْنَ	لِيَقُلْنَانِّ	لِيُقَلْنَانِّ
قُلْ	لِتُقَلْ	قُوْلَنَّ	لِتُقَالَنَّ
قُوْلَا	لِتُقَالَا	قُوْلَانِّ	لِتُقَالَانِّ
قُوْلُوْا	لِتُقَالُوْا	قُوْلُنَّ	لِتُقَالُنَّ
قُوْلِيْ	لِتُقَالِيْ	قُوْلِنَّ	لِتُقَالِنَّ
قُوْلَا	لِتُقَالَا	قُوْلَانِّ	لِتُقَالَانِّ
قُلْنَ	لِتُقَلْنَ	قُلْنَانِّ	لِتُقَلْنَانِّ
لِاَقُلْ	لِاُقَلْ	لِاَقُوْلَنَّ	لِاُقَالَنَّ
لِنَقُلْ	لِنُقَلْ	لِنَقُوْلَنَّ	لِنُقَالَنَّ

الأمر المعروف مع النون الخفيفة : لِيَقُوْلَنْ ، لِيَقُوْلُنْ ، لِتَقُوْلَنْ ، قُوْلَنْ ، قُوْلُنْ ، قُوْلِنْ ، لِأَقُوْلَنْ ، لِنَقُوْلَنْ

الأمر المجهول مع النون الخفيفة : لِيُقَالَنْ ، لِيُقَالُنْ ، لِتُقَالَنْ ، لِتُقَالَنْ ، لِتُقَالُنْ ، لِتُقَالِنْ ، لِأُقَالَنْ ، لِنُقَالَنْ

النهي المعروف	النهي المجهول	النهي المعروف مع النون الثقيلة	النهي المجهول مع النون الثقيلة
لَا يَقُلْ	لَا يُقَلْ	لَا يَقُوْلَنَّ	لَا يُقَالَنَّ
لَا يَقُوْلَا	لَا يُقَالَا	لَا يَقُوْلَانِّ	لَا يُقَالَانِّ
لَا يَقُوْلُوْا	لَا يُقَالُوْا	لَا يَقُوْلُنَّ	لَا يُقَالُنَّ
لَا تَقُلْ	لَا تُقَلْ	لَا تَقُوْلَنَّ	لَا تُقَالَنَّ
لَا تَـــقُوْلَا	لَا تُـــقَالَا	لَا تَـــقُوْلَانِّ	لَا تُـــقَالَانِّ
لَا يَقُلْنَ	لَا يُقَلْنَ	لَا يَقُلْنَانِّ	لَا يُقُلْنَانِّ
لَا تَقُلْ	لَا تُقَلْ	لَا تَقُوْلَنَّ	لَا تُقَالَنَّ
لَا تَـــقُوْلَا	لَا تُـــقَالَا	لَا تَـــقُوْلَانِّ	لَا تُـــقَالَانِّ
لَا تَقُوْلُوْا	لَا تُقَالُوْا	لَا تَقُوْلُنَّ	لَا تُقَالُنَّ
لَا تَـــقُوْلِيْ	لَا تُـــقَالِيْ	لَا تَـــقُوْلِنَّ	لَا تُـــقَالِنَّ
لَا تَـــقُوْلَا	لَا تُـــقَالَا	لَا تَـــقُوْلَانِّ	لَا تُـــقَالَانِّ
لَا تَقُلْنَ	لَا تُقَلْنَ	لَا تَقُلْنَانِّ	لَا تُقَلْنَانِّ
لَا اَقُلْ	لَا اُقَلْ	لَا اَقُوْلَنَّ	لَا اُقَالَنَّ
لَا نَـــقُلْ	لَا نُـــقَلْ	لَا نَـــقُوْلَنَّ	لَا نُـــقَالَنَّ

النهي المعروف مع النون الخفيفة : لَا يَقُوْلَنْ ، لَا يَقُوْلُنْ ، لَا تَقُوْلَنْ ، لَا تَقُوْلَنْ ،لَا تَقُوْلُنْ ، لَا تَقُوْلِنْ ، لَا أَقُوْلَنْ ، لَا نَقُوْلَنْ

النهي المجهول مع النون الخفيفة : لَا يُقَالَنْ ، لَا يُقَالُنْ ، لَا تُقَالَنْ ، لَا تُقَالَنْ ، لَا تُقَالُنْ ، لَا تُقَالِنْ ، لَا أُقَالَنْ ، لَا نُقَالَنْ

اسم الآلة	اسم الظرف	اسم المفعول	اسم الفاعل
مِقْوَلٌ	مَقَالٌ	مَقُوْلٌ	قَائِلٌ
مِقْوَلَانِ	مَقَالَانِ	مَقُوْلَانِ	قَائِلَانِ
مَقَاوِلُ	مَقَاوِلُ	مَقُوْلُوْنَ	قَائِلُوْنَ
مِقْوَلَةٌ		مَقُوْلَةٌ	قَائِلَةٌ
مِقْوَلَتَانِ		مَقُوْلَتَانِ	قَائِلَتَانِ
مَقَاوِلُ		مَقُوْلَاتٌ	قَائِلَاتٌ
مِقْوَالٌ			
مِقْوَالَانِ			
مَقَاوِيْلُ			

Analysis

(1) Rule no. 7.1 applies to the words from (قَالَ) till (قَالَتَا).

(2) Rule no. 7.4 applies to the words from (قُلْنَ) till (قُلْنَا) in the (المضارع المعروف).

(3) Rule no. 9 applies to the words from (قِيْلَ) till (قِيْلَتَا).

(4) Rule no. 9.5 applies to the words from (قُلْنَ) till (قُلْنَا) in the (المضارع المجهول).

(5) In the paradigm of (يَقُــوْلُ), rule no. 8.1 applies to all the words, while rule no. 8.2 applies to all the words of (يُقْوَلُ).

(6) The imperative (أمـــر) is made from (تَقُــوْلُ). After deleting the (علامـــة المضـــارع), the last letter is rendered (ساكن). The (و) is deleted due to (إجتمــاع الســاكنين) – two sâkins coming together.

(7) Where the (إجتمــاع الســاكنين) no more remains, the deleted letter returns as in the paradigms of (نـــون الثقيلــة), e.g. (قُوْلَنَّ).

(8) Rule no. 17 applies to the paradigm of (اســم الفاعــل), e.g. (قَائِلٌ).

(9) Rule no. 8 applies to the paradigm of (اســم المفعـــول), e.g. (مَقُوْلٌ).

Exercise 46

(a) List the detailed paradigms (الصرف الكبير) of the following verbs:

(1) رَاقَ يَرُوْقُ

(2) جَاعَ يَجُوْعُ

(3) ذَاقَ يَذُوْقُ

(4) جَالَ يَجُوْلُ

(5) رَامَ يَرُوْمُ

(b) Name the word-forms (صِيَغ) of the following verbs:

(1) سُخْنَ

(2) يَطُوْفُوْنَ

(3) لَمْ تَجُوْزِيْ

(4) لَتَشُوْرُنَّ

(5) لُوْمُوْا

The Paradigm of (أجوف يائي)

أجوف يائي من باب ضَرَبَ ـــ الْبَيْعُ

بَاعَ يَبِيْعُ بَيْعاً فَهُوَ بَائِعٌ وَ بِيْعَ يُبَاعُ بَيْعاً فَهُوَ مَبِيْعٌ اَلْأَمْرُ مِنْهُ بِعْ وَالنَّهْيُ عَنْهُ لاَ تَبِعْ الظَّرْفُ مِنْهُ مَبِيْعٌ مَبِيْعَانِ مَبَايِعُ وَالْآلَةُ مِنْهُ مِبْيَعٌ مِبْيَعَانِ مَبَايِعُ مِبْيَعَةٌ مِبْيَعَتَانِ مَبَايِعُ مِبْيَاعٌ مِبْيَاعَانِ مَبَايِيْعُ وَأَفْعَلُ التَّفْضِيْلِ مِنْهُ أَبْيَعُ أَبْيَعَانِ أَبْيَعُوْنَ وَ أَبَايِعُ وَالْمُؤَنَّثُ مِنْهُ بُوْعَي وَ بُوْعَيَانِ وَبُيَعٌ وَبُوْعَيَاتٌ

Analysis

The (اسم المفعول) and (اسم الظرف) have become similar after changes were made. However, the original form of each word is different. The original form of the (اسم المفعول) was (مَبْيُوْعٌ) while the original form of the (اسم الظرف) was (مَبْيِعٌ).

Hereunder follow the paradigms of this (باب).

الماضي المعروف	الماضي المجهول	المضارع المعروف	المضارع المجهول	تأكيد النفي مع لن ، معروف	تأكيد النفي مع لن ، مجهول
بَاعَ	بِيْعَ	يَبِيْعُ	يُبَاعُ	لَنْ يَبِيْعَ	لَنْ يُبَاعَ
بَاعَا	بِيْعَا	يَبِيْعَان	يُبَاعَان	لَنْ يَبِيْعَا	لَنْ يُبَاعَا
بَاعُوْا	بِيْعُوْا	يَبِيْعُوْنَ	يُبَاعُوْنَ	لَنْ يَبِيْعُوْا	لَنْ يُبَاعُوْا
بَاعَتْ	بِيْعَتْ	تَبِيْعُ	تُبَاعُ	لَنْ تَبِيْعَ	لَنْ تُبَاعَ
بَاعَتَا	بِيْعَتَا	تَبِيْعَان	تُبَاعَان	لَنْ تَبِيْعَا	لَنْ تُبَاعَا
بِعْنَ	بِعْنَ	يَبِعْنَ	يُبَعْنَ	لَنْ يَبِعْنَ	لَنْ يُبَعْنَ
بِعْتَ	بِعْتَ	تَبِيْعُ	تُبَاعُ	لَنْ تَبِيْعَ	لَنْ تُبَاعَ
بِعْتُمَا	بِعْتُمَا	تَبِيْعَان	تُبَاعَان	لَنْ تَبِيْعَا	لَنْ تُبَاعَا
بِعْتُمْ	بِعْتُمْ	تَبِيْعُوْنَ	تُبَاعُوْنَ	لَنْ تَبِيْعُوْا	لَنْ تُبَاعُوْا
بِعْتِ	بِعْتِ	تَبِيْعِيْنِ	تُبَاعِيْنِ	لَنْ تَبِيْعِي	لَنْ تُبَاعِيْ
بِعْتُمَا	بِعْتُمَا	تَبِيْعَان	تُبَاعَان	لَنْ تَبِيْعَا	لَنْ تُبَاعَا
بِعْتُنَّ	بِعْتُنَّ	تَبِعْنَ	تُبَعْنَ	لَنْ تَبِعْنَ	لَنْ تُبَعْنَ
بِعْتُ	بِعْتُ	أَبِيْعُ	اُبَاعُ	لَنْ أَبِيْعَ	لَنْ اُبَاعَ
بِعْنَا	بِعْنَا	نَبِيْعُ	نُبَاعُ	لَنْ نَبِيْعَ	لَنْ نُبَاعَ

النفي مع لم ، معروف	النفي مع لم ، مجهول	المضارع المعروف مع النون الثقيلة	المضارع المجهول مع النون الثقيلة
لَمْ يَبِعْ	لَمْ يُبَعْ	لَيَبِيْعَنَّ	لَيُبَاعَنَّ
لَمْ يَبِيْعَا	لَمْ يُبَاعَا	لَيَبِيْعَانِّ	لَيُبَاعَانِّ
لَمْ يَبِيْعُوْا	لَمْ يُبَاعُوْا	لَيَبِيْعُنَّ	لَيُبَاعُنَّ
لَمْ تَبِعْ	لَمْ تُبَعْ	لَتَبِيْعَنَّ	لَتُبَاعَنَّ
لَمْ تَبِيْعَا	لَمْ تُبَاعَا	لَتَبِيْعَانِّ	لَتُبَاعَانِّ
لَمْ يَبِعْنَ	لَمْ يُبَعْنَ	لَيَبِعْنَانِّ	لَيُبَعْنَانِّ
لَمْ تَبِعْ	لَمْ تُبَعْ	لَتَبِيْعَنَّ	لَتُبَاعَنَّ
لَمْ تَبِيْعَا	لَمْ تُبَاعَا	لَتَبِيْعَانِّ	لَتُبَاعَانِّ
لَمْ تَبِيْعُوْا	لَمْ تُبَاعُوْا	لَتَبِيْعُنَّ	لَتُبَاعُنَّ
لَمْ تَبِيْعِيْ	لَمْ تُبَاعِيْ	لَتَبِيْعِنَّ	لَتُبَاعِنَّ
لَمْ تَبِيْعَا	لَمْ تُبَاعَا	لَتَبِيْعَانِّ	لَتُبَاعَانِّ
لَمْ تَبِعْنَ	لَمْ تُبَعْنَ	لَتَبِعْنَانِّ	لَتُبَعْنَانِّ
لَمْ أَبِعْ	لَمْ أُبَعْ	لَأَبِيْعَنَّ	لَأُبَاعَنَّ
لَمْ نَبِعْ	لَمْ نُبَعْ	لَنَبِيْعَنَّ	لَنُبَاعَنَّ

المضارع المعروف مع النون الخفيفة : لَيَبِيْعَنْ ، لَيَبِيْعُنْ ، لَتَبِيْعَنْ ، لَتَبِيْعَنْ ، لَتَبِيْعُنْ ، لَتَبِيْعِنْ ، لَأَبِيْعَنْ ، لَنَبِيْعَنْ

المضارع المجهول مع النون الخفيفة : لَيُبَاعَنْ ، لَيُبَاعُنْ ، لَتُبَاعَنْ ، لَتُبَاعَنْ ، لَتُبَاعُنْ ، لَتُبَاعِنْ ، لَأُبَاعَنْ ، لَنُبَاعَنْ

الأمر المعروف	الأمر المجهول	الأمر المعروف مع النون الثقيلة	الأمر المجهول مع النون الثقيلة
لِيَبِعْ	لِيُبَعْ	لِيَبِيْعَنَّ	لِيُبَاعَنَّ
لِيَبِيْعَا	لِيُبَاعَا	لِيَبِيْعَانِّ	لِيُبَاعَانِّ
لِيَبِيْعُوْا	لِيُبَاعُوْا	لِيَبِيْعُنَّ	لِيُبَاعُنَّ
لِتَبِعْ	لِتُبَعْ	لِتَبِيْعَنَّ	لِتُبَاعَنَّ
لِتَبِيْعَا	لِتُبَاعَا	لِتَبِيْعَانِّ	لِتُبَاعَانِّ
لِيَبِعْنَ	لِيُبَعْنَ	لِيَبِعْنَانِّ	لِيُبَعْنَانِّ
بِعْ	لِتُبَعْ	بِيْعَنَّ	لِتُبَاعَنَّ
بِيْعَا	لِتُبَاعَا	بِيْعَانِّ	لِتُبَاعَانِّ
بِيْعُوْا	لِتُبَاعُوْا	بِيْعُنَّ	لِتُبَاعُنَّ
بِيْعِيْ	لِتُبَاعِيْ	بِيْعِنَّ	لِتُبَاعِنَّ
بِيْعَا	لِتُبَاعَا	بِيْعَانِّ	لِتُبَاعَانِّ
بِعْنَ	لِتُبَعْنَ	بِعْنَانِّ	لِتُبَعْنَانِّ
لِأَبِعْ	لِأُبَعْ	لِأَبِيْعَنَّ	لِأُبَاعَنَّ
لِنَبِعْ	لِنُبَعْ	لِنَبِيْعَنَّ	لِنُبَاعَنَّ

الأمر المعروف مع النون الخفيفة : لِيَبِيْعَنْ ، لِيَبِيْعُنْ ، لِتَبِيْعَنْ ، بِيْعَنْ ، بِيْعُنْ ، بِيْعِنْ ، لِأَبِيْعَنْ ، لِنَبِيْعَنْ

الأمر المجهول مع النون الخفيفة : لِيُبَاعَنْ ، لِيُبَاعُنْ ، لِتُبَاعَنْ ، لِتُبَاعَنْ ، لِتُبَاعُنْ ، لِتُبَاعِنْ ، لِأُبَاعَنْ ، لِنُبَاعَنْ

النهي المعروف	النهي المجهول	النهي المعروف مع النون الثقيلة	النهي المجهول مع النون الثقيلة
لَا يَبِعْ	لَا يُبَعْ	لَا يَبِيْعَنَّ	لَا يُبَاعَنَّ
لَا يَبِيْعَا	لَا يُبَاعَا	لَا يَبِيْعَانِّ	لَا يُبَاعَانِّ
لَا يَبِيْعُوْا	لَا يُبَاعُوْا	لَا يَبِيْعُنَّ	لَا يُبَاعُنَّ
لَا تَبِعْ	لَا تُبَعْ	لَا تَبِيْعَنَّ	لَا تُبَاعَنَّ
لَا تَبِيْعَا	لَا تُبَاعَا	لَا تَبِيْعَانِّ	لَا تُبَاعَانِّ
لَا يَبِعْنَ	لَا يُبَعْنَ	لَا يَبِعْنَانِّ	لَا يُبَعْنَانِّ
لَا تَبِعْ	لَا تُبَعْ	لَا تَبِيْعَنَّ	لَا تُبَاعَنَّ
لَا تَبِيْعَا	لَا تُبَاعَا	لَا تَبِيْعَانِّ	لَا تُبَاعَانِّ
لَا تَبِيْعُوْا	لَا تُبَاعُوْا	لَا تَبِيْعُنَّ	لَا تُبَاعُنَّ
لَا تَبِيْعِيْ	لَا تُبَاعِيْ	لَا تَبِيْعِنَّ	لَا تُبَاعِنَّ
لَا تَبِيْعَا	لَا تُبَاعَا	لَا تَبِيْعَانِّ	لَا تُبَاعَانِّ
لَا تَبِعْنَ	لَا تُبَعْنَ	لَا تَبِعْنَانِّ	لَا تُبَعْنَانِّ
لَا أَبِعْ	لَا أُبَعْ	لَا أَبِيْعَنَّ	لَا أُبَاعَنَّ
لَا نَبِعْ	لَا نُبَعْ	لَا نَبِيْعَنَّ	لَا نُبَاعَنَّ

النهي المعروف مع النون الخفيفة : لَا يَبِيْعَنْ ، لَا يَبِيْعُنْ ، لَا تَبِيْعَنْ ، لَا تَبِيْعَنْ ،لَا تَبِيْعُنْ ، لَا تَبِيْعِنْ ، لَا أَبِيْعَنْ ، لَا نَبِيْعَنْ

النهي المجهول مع النون الخفيفة : لَا يُبَاعَنْ ، لَا يُبَاعُنْ ، لَا تُبَاعَنْ ، لَا تُبَاعَنْ ، لَا تُبَاعُنْ ، لَا تُبَاعِنْ ، لَا أُبَاعَنْ ، لَانُبَاعَنْ

اسم الآلة	اسم الظرف	اسم المفعول	اسم الفاعل
مِبْيَعٌ	مَبِيْعٌ	مَبِيْعٌ	بَائِعٌ
مِبْيَعَانِ	مَبِيْعَانِ	مَبِيْعَانِ	بَائِعَانِ
مَبَايِعُ	مَبَايِعُ	مَبِيْعُوْنَ	بَائِعُوْنَ
مِبْيَعَةٌ		مَبِيْعَةٌ	بَائِعَةٌ
مِبْيَعَتَانِ		مَبِيْعَتَانِ	بَائِعَتَانِ
مَبَايِعُ		مَبِيْعَاتٌ	بَائِعَاتٌ
مِبْيَاعٌ			
مِبْيَاعَانِ			
مَبَايِيْعُ			

Analysis

(1) Rule no. 7.1 applies to all the words from (بَاعَ) till (بِعْنَا).

(2) Rule no. 9 applies to all the words of (الماضي المجهول).

(3) In the (المضارع المعروف), rule no. 8 has been applied.

(4) Rule no. 17 applies to the (اسم الفاعل).

أجوف واوي من باب سَمِعَ ــ اَلْخَوْفُ

خَافَ يَخَافُ خَوْفاً فَهُوَ خَائفٌ وَ خِيْفَ يُخَافُ خَوْفاً فَهُوَ مَخُوْفٌ
اَلْأَمْرُ مِنْهُ خَفْ وَالنَّهْيُ عَنْهُ لاَ تَخَفْ الظَّرْفُ مِنْهُ مَخَافٌ

أجوف يائي من باب سَمِعَ ــ اَلنَّيْلُ

نَالَ يَنَالُ نَيْلاً فَهُوَ نَائلٌ وَ نِيْلَ يُنَالُ نَيْلاً فَهُوَ مَنِيْلٌ اَلْأَمْرُ مِنْهُ نَلْ
وَالنَّهْيُ عَنْهُ لاَ تَنَلْ الظَّرْفُ مِنْهُ مَنَالٌ

To distinguish between the (أمــــر) of (مهمــــوز) in which the (همــــزة) is deleted and the (أمــــر) of (أجــــوف), one will notice that in (أجوف), besides the (واحد مذكر) and (جمــــع مؤنــــث), the (عين الكلمة) remains in all the words. Examples: (قُوْلَا قُولُوْا قُوْلِيْ بِيْعَا بِيْعُوْا بِيْعِيْ خَافَا خَافُوْا خَــــافِيْ). The (عــــين الكلمــــة) returns in the words attached to (نــــون ثقيلــــة) and (نون خفيفة) as well. Examples: (قُوْلَنَّ بِيْعَنَّ خَافَنَّ)

However, in (مهمــــوز العــــين), the (عــــين الكلمــــة) is deleted from all the words. Examples:
(زِرَا زِرُوْا زِرِيْ ، زِرَنَّ ، سَلَا سَلُوْا سَلِيْ ، سَلَنَّ)

Hereunder follow the detailed paradigms of (خَافَ).

الماضي المعروف	الماضي المجهول	المضارع المعروف	المضارع المجهول	الأمر المعروف	الأمر المعروف مع النون الثقيلة
خَافَ	خِيْفَ	يَخَافُ	يُخَافُ	لِيَخَفْ	لِيَخَافَنَّ
خَافَا	خِيْفَا	يَخَافَانِ	يُخَافَانِ	لِيَخَافَا	لِيَخَافَانِّ
خَافُوْا	خِيْفُوْا	يَخَافُوْنَ	يُخَافُوْنَ	لِيَخَافُوْ	لِيَخَافُنَّ
خَافَتْ	خِيْفَتْ	تَخَافُ	تُخَافُ	لِتَخَفْ	لِتَخَافَنَّ
خَافَتَا	خِيْفَتَا	تَخَافَانِ	تُخَافَانِ	لِتَخَافَا	لِتَخَافَانِّ
خِفْنَ	خِفْنَ	يَخَفْنَ	يُخَفْنَ	لِيَخَفْنَ	لِيَخَفْنَانِّ
خِفْتَ	خِفْتَ	تَخَافُ	تُخَافُ	خَفْ	خَافَنَّ
خِفْتُمَا	خِفْتُمَا	تَخَافَانِ	تُخَافَانِ	خَافَا	خَافَانِّ
خِفْتُمْ	خِفْتُمْ	تَخَافُوْنَ	تُخَافُوْنَ	خَافُوْ	خَافُنَّ
خِفْتِ	خِفْتِ	تَخَافِيْنَ	تُخَافِيْنَ	خَافِيْ	خَافِنَّ
خِفْتُمَا	خِفْتُمَا	تَخَافَانِ	تُخَافَانِ	خَافَا	خَافَانِّ
خِفْتُنَّ	خِفْتُنَّ	تَخَفْنَ	تُخَفْنَ	خَفْنَ	خَفْنَانِّ
خِفْتُ	خِفْتُ	أَخَافُ	أُخَافُ	لِأَخَفْ	لِأَخَافَنَّ
خِفْنَا	خِفْنَا	نَخَافُ	نُخَافُ	لِنَخَفْ	لِنَخَافَنَّ

أجوف واوي من باب إفتعال ـــ اَلْإقْتِيَادُ

إِقْتَادَ يَقْتَادُ إِقْتِيَاداً فَهُوَ مُقْتَادٌ وَ أُقْتِيْدَ يُقْتَادُ إِقْتِيَاداً فَهُوَ مُقْتَادٌ اَلْأَمْرُ مِنْهُ إِقْتَدْ وَالنَّهْيُ عَنْهُ لاَ تَقْتَدْ الظَّرْفُ مِنْهُ مُقْتَادٌ

Analysis

(1) The forms of the (اسم الفاعل) and (اسم المفعول) have become the same, namely (مُقْتَادٌ). However, the original form of each word is different. The (اسم الفاعل) was (مُقْتَوِدٌ) while the (اسم المفعول) was (مُقْتَوَدٌ). Note that the (اسم الظرف) is also the same as the (اسم المفعول) as in all other (أبواب) of (غير ثلاثي مجرد).

(2) The verbs of the perfect tense (الماضي) in the form of (تثنية مذكر غائب) and (جمع مذكر غائب) are the same as the (تثنية مذكر حاضر) and (جمع مذكر حاضر) of the imperative (أمر), that is (إِقْتَادَ) and (إِقْتَادُوْا). However, the originals of the (الماضي) were (إِقْتَوَدَا) and (إِقْتَوَدُوْا) while the originals of the (أمر) were (إِقْتَوِدَا) and (إِقْتَوِدُوْا). The (أمر) is constructed from the (مضارع) which is (تَقْتَوِدَانِ). Therefore the (و) is (مكسور).

أجوف يائي من باب إفتعال ـــ اَلْإِخْتِيَارُ

إِخْتَارَ يَخْتَارُ إِخْتِيَاراً فَهُوَ مُخْتَارٌ وَ أُخْتِيْرَ يُخْتَارُ إِخْتِيَاراً فَهُوَ مُخْتَارٌ
اَلْأَمْرُ مِنْهُ إِخْتَرْ وَالنَّهْيُ عَنْهُ لاَ تَخْتَرْ الظَّرْفُ مِنْهُ مُخْتَارٌ

This (باب) is similar to (إِقْتَادَ) – (أجوف واوي).

أجوف واوي من باب إستفعال ـــ اَلْإِسْتِقَامَةُ

إِسْتَقَامَ يَسْتَقِيْمُ إِسْتِقَامَةً فَهُوَ مُسْتَقِيْمٌ وَ أُسْتُقِيْمَ يُسْتَقَامُ إِسْتِقَامَةً فَهُوَ
مُسْتَقَامٌ اَلْأَمْرُ مِنْهُ إِسْتَقِمْ وَالنَّهْيُ عَنْهُ لاَ تَسْتَقِمْ الظَّرْفُ مِنْهُ مُسْتَقَامٌ

Analysis

(1) The word (إِسْتَقَامَ) was originally (إِسْتَقْوَمَ). Rule no. 8 is applied and it changes to (إِسْتَقَامَ).

(2) Rule no.8 and rule no. 3 have been applied to (يَسْتَقِيْمُ) which was originally (يَسْتَقْوِمُ).

(3) The word (إِسْتِقْوَامًا) has been changed due to rule no. 8 to (إِسْتِقَامَةً).

(4) The change in (مُسْتَقِيْمٌ) is similar to that of (يَسْتَقِيْمُ).

(5) The (عين الكلمة) is deleted from the (أمر), (نهي) and (مضارع مجزوم), e.g. (إِسْتَقِمْ ، لاَ تَسْتَقِمْ ، لَمْ يَسْتَقِمْ).

(6) When (نون ثقيلة) or (نون خفيفـــة) is attached to the (أمـــر) or (نهي), the deleted letter returns, e.g.
(إِسْتَقِيْمَنَّ ، لاَ تَسْتَقِيْمَنَّ).

أجوف يائي من باب إستفعال ـــ اَلْإِسْتِخَارَةُ

إِسْتَخَارَ يَسْتَخِيْرُ إِسْتِخَارَةً فَهُوَ مُسْتَخِيْرٌ وَ أُسْتُخِيْرَ يُسْتَخَارُ إِسْتِخَارَةً فَهُوَ مُسْتَخَارٌ اَلْأَمْرُ مِنْهُ إِسْتَخِرْ وَالنَّهْيُ عَنْهُ لاَ تَسْتَخِرْ الظَّرْفُ مِنْهُ مُسْتَخَارٌ

This (باب) is similar to (إِسْتَقَامَ).

أجوف واوي من باب إفعال ـــ اَلْإِقَامَةُ

أَقَامَ يُقِيْمُ إِقَامَةً فَهُوَ مُقِيْمٌ وَ أُقِيْمَ يُقَامُ إِقَامَةً فَهُوَ مُقَامٌ اَلْأَمْرُ مِنْهُ أَقِمْ وَالنَّهْيُ عَنْهُ لاَ تُقِمْ الظَّرْفُ مِنْهُ مُقَامٌ

The changes of this (باب) are similar to those of (إِسْتَقَامَ).

Exercise 47

(a) List the detailed paradigms (الصــــرف الكـــبير) of the following verbs:

(1) دَانَ يَدِيْنُ
(2) زَاغَ يَزِيْغُ
(3) رَابَ يَرِيْبُ
(4) جَاشَ يَجِيْشُ
(5) فَاضَ يَفِيْضُ

(b) Name the word-forms (صِيَغ) of the following verbs:

(1) تَمَيَّزُوْا
(2) لَنْ يَتَقَايَضْنَ
(3) لَمْ تَستَفِيْضُوْا
(4) لَتَجِيْشِنَّ
(5) رِيْبِيْ

The Paradigms of (ناقص) and (لفيف)

ناقص واوي من باب نَصَرَ ــ اَلدُّعَاءُ وَالْدَّعْوَةُ

دَعَا يَدْعُوْ دُعَاءً فَهُوَ دَاعٍ وَدُعِيَ يُدْعَي دُعَاءً فَهُوَ مَدْعُوٌّ اَلْأَمْرُ مِنْهُ أُدْعُ وَالنَّهْيُ عَنْهُ لاَ تَدْعُ الظَّرْفُ مِنْهُ مَدْعًي مَدْعَيَانِ مَدَاعٍ وَالْآلَةُ مِنْهُ مِدْعًي مِدْعَيَانِ مَدَاعٍ مِدْعَاةٌ مِدْعَيَانِ مَدَاعٍ مِدْعَاءٌ مِدْعَايَانِ مَدَاعِيٌّ وَأَفْعَلُ التَّفْضِيْلِ مِنْهُ أَدْعَي أَدْعَيَانِ أَدَاعٍ وَأَدْعَوْنَ وَالْمُؤَنَّثُ مِنْهُ دُعْيَى دُعْيَيَانِ دُعًي وَ دُعْيَيَاتٌ

Analysis of the changes

(1) The verbs of (ناقص يائي) and (أجوف يائي) do not come on the (باب) of (نصر).

(2) The (و) in the (اسم الظرف) – (مَدْعًي) and in the (اسم الآلة) – (مِدْعًي) is deleted due to rule no. 7. If these words are used with (أَلْ) or as a (مضاف), the (الف) is retained, e.g. (اَلْمَدْعَي وَالْمِدْعَي وَمَدْعَاكُمْ وَ مِدْعَاكُمْ).

(3) The (و) in the word (مِدْعَاءٌ) has changed to (همزة) as in the (مصدر).

(4) In the plural of the (اسم الظرف) – (مَدَاعٍ) and the

plural of the (اسم التفضيل) – (أَدَاعٍ), rule no. 25 has been applied.

(5) In the word (مَدَاعِيٌّ) which is the plural of the (اسم الآلة), the (و) has changed to a (ي) due to rule no. 20.

(6) Rule no. 26 has been applied to (دُعْيَى).

(7) In the words (دُعْيَيَانِ) and (دُعْيَيَاتٌ), the (الف) has changed to a (ي) due to rule no. 22. This applies to all the words which are (تثنية مؤنث) of the (اسم التفضيل) and the (جمع مؤنث سالم) of the (اسم التفضيل), whether the words are (صحيح), (ناقص) or (معتلّ).

الماضي المعروف	الماضي المجهول	المضارع المعروف	المضارع المجهول	تأكيد النفي مع لن ، معروف	تأكيد النفي مع لن ، مجهول
دَعَا	دُعِيَ	يَدْعُوْ	يُدْعَي	لَنْ يَدْعُوَ	لَنْ يُدْعَي
دَعَوَا	دُعِيَا	يَدْعُوَانِ	يُدْعَيَانِ	لَنْ يَدْعُوَا	لَنْ يُدْعَيَا
دَعَوْا	دُعُوْا	يَدْعُوْنَ	يُدْعَوْنَ	لَنْ يَدْعُوْ	لَنْ يُدْعَوْ
دَعَتْ	دُعِيَتْ	تَدْعُوْ	تُدْعَي	لَنْ تَدْعُوَ	لَنْ تُدْعَي
دَعَتَا	دُعِيَتَا	تَدْعُوَانِ	تُدْعَيَانِ	لَنْ تَدْعُوَا	لَنْ تُدْعَيَا
دَعَوْنَ	دُعِيْنَ	يَدْعُوْنَ	يُدْعَيْنَ	لَنْ يَدْعُوْنَ	لَنْ يُدْعَيْنَ
دَعَوْتَ	دُعِيْتَ	تَدْعُوْ	تُدْعَي	لَنْ تَدْعُوَ	لَنْ تُدْعَي
دَعَوْتُمَا	دُعِيْتُمَا	تَدْعُوَانِ	تُدْعَيَانِ	لَنْ تَدْعُوَا	لَنْ تُدْعَيَا
دَعَوْتُمْ	دُعِيْتُمْ	تَدْعُوْنَ	تُدْعَوْنَ	لَنْ تَدْعُوْ	لَنْ تُدْعَوْا
دَعَوْتِ	دُعِيْتِ	تَدْعِيْنَ	تُدْعَيْنَ	لَنْ تَدْعِيْ	لَنْ تُدْعَيْ
دَعَوْتُمَا	دُعِيْتُمَا	تَدْعُوَانِ	تُدْعَيَانِ	لَنْ تَدْعُوَا	لَنْ تُدْعَيَا
دَعَوْتُنَّ	دُعِيْتُنَّ	تَدْعُوْنَ	تُدْعَيْنَ	لَنْ تَدْعُوْنَ	لَنْ تُدْعَيْنَ
دَعَوْتُ	دُعِيْتُ	أَدْعُوْ	أُدْعَي	لَنْ أَدْعُوَ	لَنْ أُدْعَي
دَعَوْنَا	دُعِيْنَا	نَدْعُوْ	نُدْعَي	لَنْ نَدْعُوَ	لَنْ نُدْعَي

النفي مع لم ، المعروف	النفي مع لم ، المجهول	المضارع المعروف مع النون الثقيلة	المضارع المجهول مع النون الثقيلة
لَمْ يَدْعُ	لَمْ يُدْعَ	لَيَدْعُوَنَّ	لَيُدْعَيَنَّ
لَمْ يَدْعُوَا	لَمْ يُدْعَيَا	لَيَدْعُوَانِّ	لَيُدْعَيَانِّ
لَمْ يَدْعُوْ	لَمْ يُدْعَوْ	لَيَدْعُنَّ	لَيُدْعَوُنَّ
لَمْ تَدْعُ	لَمْ تُدْعَ	لَتَدْعُوَنَّ	لَتُدْعَيَنَّ
لَمْ تَدْعُوَا	لَمْ تُدْعَيَا	لَتَدْعُوَانِّ	لَتُدْعَيَانِّ
لَمْ يَدْعُوْنَ	لَمْ يُدْعَيْنَ	لَيَدْعُوْنَانِّ	لَيُدْعَيْنَانِّ
لَمْ تَدْعُ	لَمْ تُدْعَ	لَتَدْعُوَنَّ	لَتُدْعَيَنَّ
لَمْ تَدْعُوَا	لَمْ تُدْعَيَا	لَتَدْعُوَانِّ	لَتُدْعَيَانِّ
لَمْ تَدْعُوْ	لَمْ تُدْعَوْ	لَتَدْعُنَّ	لَتُدْعَوُنَّ
لَمْ تَدْعِيْ	لَمْ تُدْعَيْ	لَتَدْعِنَّ	لَتُدْعَيِنَّ
لَمْ تَدْعُوَا	لَمْ تُدْعَيَا	لَتَدْعُوَانِّ	لَتُدْعَيَانِّ
لَمْ تَدْعُوْنَ	لَمْ تُدْعَيْنَ	لَتَدْعُوْنَانِّ	لَتُدْعَيْنَانِّ
لَمْ أَدْعُ	لَمْ أُدْعَ	لَأَدْعُوَنَّ	لَأُدْعَيَنَّ
لَمْ نَدْعُ	لَمْ نُدْعَ	لَنَدْعُوَنَّ	لَنُدْعَيَنَّ

المضارع المعروف مع النون الخفيفة : لَيَدْعُوَنْ ، لَيَدْعُنْ ، لَتَدْعُوَنْ ، لَتَدْعُوَنْ ، لَتَدْعُنْ ، لَتَدْعِنْ ، لَأَدْعُوَنْ ، لَنَدْعُوَن

المضارع المجهول مع النون الخفيفة : لَيُدْعَيَنْ ، لَيُدْعَوُنْ ، لَتُدْعَيَنْ ، لَتُدْعَيَنْ ، لَتُدْعَوُنْ ، لَتُدْعَيِنْ ، لَأُدْعَيَنْ ، لَنُدْعَيَنْ

الأمر المعروف	الأمر المجهول	الأمر المعروف مع النون الثقيلة	الأمر المجهول مع النون الثقيلة
لِيَدْعُ	لِيُدْعَ	لِيَدْعُوَنَّ	لِيُدْعَيَنَّ
لِيَدْعُوَا	لِيُدْعَيَا	لِيَدْعُوَانِّ	لِيُدْعَيَانِّ
لِيَدْعُوْ	لِيُدْعَوْ	لِيَدْعُنَّ	لِيُدْعَوُنَّ
لِتَدْعُ	لِتُدْعَ	لِتَدْعُوَنَّ	لِتُدْعَيَنَّ
لِتَدْعُوَا	لِتُدْعَيَا	لِتَدْعُوَانِّ	لِتُدْعَيَانِّ
لِيَدْعُوْنَ	لِيُدْعَيْنَ	لِيَدْعُوْنَانِّ	لِيُدْعَيْنَانِّ
أُدْعُ	لِتُدْعَ	أُدْعُوَنَّ	لِتُدْعَيَنَّ
أُدْعُوَا	لِتُدْعَيَا	أُدْعُوَانِّ	لِتُدْعَيَانِّ
أُدْعُوْ	لِتُدْعَوْ	أُدْعُنَّ	لِتُدْعَوُنَّ
أُدْعِيْ	لِتُدْعَيْ	أُدْعِنَّ	لِتُدْعَيِنَّ
أُدْعُوَا	لِتُدْعَيَا	أُدْعُوَانِّ	لِتُدْعَيَانِّ
أُدْعُوْنَ	لِتُدْعَيْنَ	أُدْعُوْنَانِّ	لِتُدْعَيْنَانِّ
لِأَدْعُ	لِأُدْعَ	لِأَدْعُوَنَّ	لِأُدْعَيَنَّ
لِنَدْعُ	لِنُدْعَ	لِنَدْعُوَنَّ	لِنُدْعَيَنَّ

الأمر المعروف مع النون الخفيفة : لِيَدْعُوَنْ ، لِيَدْعُنْ ، لِتَدْعُوَنْ ، أُدْعُوَنْ ، أُدْعُنْ ، أُدْعِنْ ، لِأَدْعُوَنْ ، لِنَدْعُوَن

الأمر المجهول مع النون الخفيفة : لِيُدْعَيَنْ ، لِيُدْعَوُنْ ، لِتُدْعَيَنْ ، لِتُدْعَيَنْ ، لِتُدْعَوُنْ ، لِتُدْعَيِنْ ، لِأُدْعَيَنْ ، لِنُدْعَيَنْ

النهي المعروف	النهي المجهول	النهي المعروف مع النون الثقيلة	النهي المجهول مع النون الثقيلة
لَا يَدْعُ	لَا يُدْعَ	لَا يَدْعُوَنَّ	لَا يُدْعَيَنَّ
لَا يَدْعُوَا	لَا يُدْعَيَا	لَا يَدْعُوَانِّ	لَا يُدْعَيَانِّ
لَا يَدْعُوْ	لَا يُدْعَوْ	لَا يَدْعُنَّ	لَا يُدْعَوُنَّ
لَا تَدْعُ	لَا تُدْعَ	لَا تَدْعُوَنَّ	لَا تُدْعَيَنَّ
لَا تَدْعُوَا	لَا تُدْعَيَا	لَا تَدْعُوَانِّ	لَا تُدْعَيَانِّ
لَا يَدْعُوْنَ	لَا يُدْعَيْنَ	لَا يَدْعُوْنَانِّ	لَا يُدْعَيْنَانِّ
لَا تَدْعُ	لَا تُدْعَ	لَا تَدْعُوَنَّ	لَا تُدْعَيَنَّ
لَا تَدْعُوَا	لَا تُدْعَيَا	لَا تَدْعُوَانِّ	لَا تُدْعَيَانِّ
لَا تَدْعُوْ	لَا تُدْعَوْ	لَا تَدْعُنَّ	لَا تُدْعَوُنَّ
لَا تَدْعِيْ	لَا تُدْعَيْ	لَا تَدْعِنَّ	لَا تُدْعَيِنَّ
لَا تَدْعُوَا	لَا تُدْعَيَا	لَا تَدْعُوَانِّ	لَا تُدْعَيَانِّ
لَا تَدْعُوْنَ	لَا تُدْعَيْنَ	لَا تَدْعُوْنَانِّ	لَا تُدْعَيْنَانِّ
لَا أَدْعُ	لَا أُدْعَ	لَا أَدْعُوَنَّ	لَا أُدْعَيَنَّ
لَا نَدْعُ	لَا نُدْعَ	لَا نَدْعُوَنَّ	لَا نُدْعَيَنَّ

النهي المعروف مع النون الخفيفة : لَا يَدْعُوَنْ ، لَا يَدْعُنْ ، لَا تَدْعُوَنْ ، لَا تَدْعُوَنْ ، لَا تَدْعُنْ ، لَا تَدْعِنْ ، لَا أَدْعُوَنْ ، لَا نَدْعُوَن

النهي المجهول مع النون الخفيفة : لَا يُدْعَيَنْ ، لَا يُدْعَوُنْ ، لَا تُدْعَيَنْ ، لَا تُدْعَيَنْ ، لَا تُدْعَوُنْ ، لَا تُدْعَيِنْ ، لَا أُدْعَيَنْ ، لَا نُدْعَيَنْ

اسم الآلة	اسم الظرف	اسم المفعول	اسم الفاعل
مِدْعًى	مَدْعًى	مَدْعُوٌّ	دَاعٍ
مِدْعَيَانِ	مَدْعَيَانِ	مَدْعُوَّانِ	دَاعِيَانِ
مَدَاعٍ	مَدَاعٍ	مَدْعُوُّوْنَ	دَاعُوْنَ
مِدْعَاةٌ		مَدْعُوَّةٌ	دَاعِيَةٌ
مِدْعَاتَانِ		مَدْعُوَّتَانِ	دَاعِيَتَانِ
مَدَاعٍ		مَدْعُوَّاتٌ	دَاعِيَاتٌ
مِدْعَاءٌ			
مِدْعَاءَانِ			
مَدَاعِيُّ			

Analysis

(1) Rule no. 7 has been applied to (دَعَا).

(2) If an (الف) is changed from a (و), it is written in the form of an (الف), e.g. (دَعَا). If the (الف) is changed from a (ي),it is written in the form of an (ي), e.g. (رَمٰي).

(3) If an (الف) is deleted due to (إجتماع الساكنين) or (تنوين), if (اَلْ) is attached or the word is (مضاف), the

(الــــف) will be written in the form of a (ي) in all three cases – (حالة الرفع والنصــــب والجــــر), e.g. If the word (مَــــدْعًي) has (اَلْ) attached to it or it is (مضــــاف), the (الــــف) will be written in the form of a (ي) e.g. (هــــذا الْمَــــدْعَي وَ مَــــدْعٰيكُمْ), (مَــــرَرْتُ بِالْمَــــدْعٰي وَ مَــــدْعٰيكُمْ) and (رَأَيْــــتُ الْمَــــدْعٰي وَ مَــــدْعٰيكُمْ). According to the grammarian, Sībawayh, in (حالــــة النصــــب), the (الــــف مقصــــورة) will be written in the form of an (الف), e.g. (رَأَيْتُ مَدْعَاكُمْ).

(4) In the dual form (دَعَــــوَا), the (و) remains unchanged because it appears before the (الف) of (تثنية).

(5) From (دَعَــــوْنَ) till the end, all the words are in their original form.

(6) In the (الماضــــي المجهــــول), rule no. 11 has been applied to all the words whereby the (و) changes to (ي). In the word (دُعُوْ), the (ي) is deleted.

(7) In words like (يَــــدْعُوْ), the (و) has become (ســــاكن) due to rule no. 10.1. In (يَــــدْعُوْنَ), (تَــــدْعُوْنَ) and (تَــــدْعِيْنَ), the (و) is deleted due to rule no. 10.2 and 10.3. Besides the (جمــــع مؤنــــث) and all the forms of (تثنيــــة), all the remaining words

are unchanged.

(8) The plural masculine word-forms are the same for the masculine and feminine, namely (يَدْعُوْنَ) and (تَدْعُوْنَ).

(9) In the (المضارع المجهول), the (و) has changed to (ي) due to rule no. 20, e.g. (يُدْعَي).

(10) The (واحد مؤنث حاضر) and (جمع مؤنث حاضر) have the same word-forms, namely (تُدْعَيْنَ). However, the original form of the (واحد مؤنث حاضر) was (تُدْعَوِيْنَ) while the original form of the (جمع مؤنث حاضر) was (تُدْعَوْنَ).

(11) In words like (لَنْ يُدْعٰى), due to the (الف) at the end, the effect of the (لَنْ) is not visible.

(12) If at the time of (إجتماع الساكنين), the first sâkin letter is a (مدة), it is deleted. If it is not a (مدة), the (و) is rendered a (ضمة) and the (ي) a (كسرة), e.g. (لَيُدْعَوُنَّ) and (لَتُدْعَيِنَّ).

(13) Rule no. 11 has been applied to all the words of (اسم الفاعل). Rule no. 10 applies to (دَاعٍ). The rules of (الإسم المنقوص) mentioned previously apply to it.

(14) Only (إدغام) has been applied to the (اسم المفعول).

Exercise 48

(a) List the detailed paradigms (الصرف الكبير) of the following verbs:

(1) سَمَا يَسْمُوْ

(2) سَهُوَ يَسْهُوْ

(3) عَفَا يَعْفُوْ

(4) بَلاَ يَبْلُوْ

(5) خَلاَ يَخْلُوْ

(b) Name the word-forms (صِيَغ) of the following verbs:

(1) تَسَامٰى

(2) لَنْ أَسْتَعْفِيَ

(3) لَمْ تُخَلِّ

(4) لَنَبْتَلِيَنَّ

(5) أَقِمْنَ

ناقص يائي من باب ضَرَبَ ــ اَلرَّمْيُ

رَمٰى يَرْمِيْ رَمْيًا فَهُوَ رَامٍ وَرُمِيَ يُرْمٰى رَمْيًا فَهُوَ مَرْمِيٌّ اَلْأَمْرُ مِنْهُ إِرْمِ وَالنَّهْيُ عَنْهُ لاَ تَرْمِ الظَّرْفُ مِنْهُ مَرْمًى مَرْمَيَانِ مَرَامٍ وَالْآلَةُ مِنْهُ مِرْمًى مِرْمَيَانِ مَرَامٍ مِرْمَاةٌ مِرْمَاتَانِ مَرَامٍ وَ مِرْمَاءٌ مِرْمَايَانِ مَرَامِيٌّ وَأَفْعَلُ التَّفْضِيْلِ مِنْهُ أَرْمٰى أَرْمَيَانِ أَرَامٍ وَ أَرْمُوْنَ وَالْمُؤَنَّثُ مِنْهُ رُمْيٰى رُمْيَيَانِ رُمًى وَرُمْيَيَاتٌ

Hereunder follow the detailed paradigms of this verb.

الماضي المعروف	الماضي المجهول	المضارع المعروف	المضارع المجهول	تأكيد النفي مع لن ، معروف	تأكيد النفي مع لن ، مجهول
رَمٰى	رُمِيَ	يَرْمِيْ	يُرْمٰى	لَنْ يَرْمِيَ	لَنْ يُرْمٰى
رَمَيَا	رُمِيَا	يَرْمِيَانِ	يُرْمَيَانِ	لَنْ يَرْمِيَا	لَنْ يُرْمَيَا
رَمَوْا	رُمُوْا	يَرْمُوْنَ	يُرْمَوْنَ	لَنْ يَرْمُوْ	لَنْ يُرْمَوْ
رَمَتْ	رُمِيَتْ	تَرْمِيْ	تُرْمٰى	لَنْ تَرْمِيَ	لَنْ تُرْمٰى
رَمَتَا	رُمِيَتَا	تَرْمِيَانِ	تُرْمَيَانِ	لَنْ تَرْمِيَا	لَنْ تُرْمَيَا
رَمَيْنَ	رُمِيْنَ	يَرْمِيْنَ	يُرْمَيْنَ	لَنْ يَرْمِيْنَ	لَنْ يُرْمَيْنَ
رَمَيْتَ	رُمِيْتَ	تَرْمِيْ	تُرْمٰى	لَنْ تَرْمِيَ	لَنْ تُرْمٰى
رَمَيْتُمَا	رُمِيْتُمَا	تَرْمِيَانِ	تُرْمَيَانِ	لَنْ تَرْمِيَا	لَنْ تُرْمَيَا
رَمَيْتُمْ	رُمِيْتُمْ	تَرْمُوْنَ	تُرْمَوْنَ	لَنْ تَرْمُوْ	لَنْ تُرْمَوْا
رَمَيْتِ	رُمِيْتِ	تَرْمِيْنَ	تُرْمَيْنَ	لَنْ تَرْمِيْ	لَنْ تُرْمَيْ
رَمَيْتُمَا	رُمِيْتُمَا	تَرْمِيَانِ	تُرْمَيَانِ	لَنْ تَرْمِيَا	لَنْ تُرْمَيَا
رَمَيْتُنَّ	رُمِيْتُنَّ	تَرْمِيْنَ	تُرْمَيْنَ	لَنْ تَرْمِيْنَ	لَنْ تُرْمَيْنَ
رَمَيْتُ	رُمِيْتُ	أَرْمِيْ	أُرْمٰى	لَنْ أَرْمِيَ	لَنْ أُرْمٰى
رَمَيْنَا	رُمِيْنَا	نَرْمِيْ	نُرْمٰى	لَنْ نَرْمِيَ	لَنْ نُرْمٰى

النفي مع لم ، المعروف	النفي مع لم ، المجهول	المضارع المعروف مع النون الثقيلة	المضارع المجهول مع النون الثقيلة
لَمْ يَرْمِ	لَمْ يُرْمَ	لَيَرْمِيَنَّ	لَيُرْمَيَنَّ
لَمْ يَرْمِيَا	لَمْ يُرْمَيَا	لَيَرْمِيَانِّ	لَيُرْمَيَانِّ
لَمْ يَرْمُوْ	لَمْ يُرْمَوْ	لَيَرْمُنَّ	لَيُرْمَوُنَّ
لَمْ تَرْمِ	لَمْ تُرْمَ	لَتَرْمِيَنَّ	لَتُرْمَيَنَّ
لَمْ تَرْمِيَا	لَمْ تُرْمَيَا	لَتَرْمِيَانِّ	لَتُرْمَيَانِّ
لَمْ يَرْمِيْنَ	لَمْ يُرْمَيْنَ	لَيَرْمِيْنَانِّ	لَيُرْمَيْنَانِّ
لَمْ تَرْمِ	لَمْ تُرْمَ	لَتَرْمِنَّ	لَتُرْمَيَنَّ
لَمْ تَرْمِيَا	لَمْ تُرْمَيَا	لَتَرْمِيَانِّ	لَتُرْمَيَانِّ
لَمْ تَرْمُوْ	لَمْ تُرْمَوْ	لَتَرْمُنَّ	لَتُرْمَوُنَّ
لَمْ تَرْمِيْ	لَمْ تُرْمَيْ	لَتَرْمِنَّ	لَتُرْمَيِنَّ
لَمْ تَرْمِيَا	لَمْ تُرْمَيَا	لَتَرْمِيَانِّ	لَتُرْمَيَانِّ
لَمْ تَرْمِيْنَ	لَمْ تُرْمَيْنَ	لَتَرْمِيْنَانِّ	لَتُرْمَيْنَانِّ
لَمْ أَرْمِ	لَمْ أُرْمَ	لَأَرْمِيَنَّ	لَأُرْمَيَنَّ
لَمْ نَرْمِ	لَمْ نُرْمَ	لَنَرْمِيَنَّ	لَنُرْمَيَنَّ

المضارع المعروف مع النون الخفيفة : لَيَرْمِيَنْ ، لَيَرْمُنْ ، لَتَرْمِيَنْ ، لَتَرْمِيَنْ ، لَتَرْمُنْ ، لَتَرْمِنْ ، لَأَرْمِيَنْ ، لَنَرْمِيَنْ

المضارع المجهول مع النون الخفيفة : لَيُرْمَيَنْ ، لَيُرْمَوُنْ ، لَتُرْمَيَنْ ، لَتُرْمَيَنْ ، لَتُرْمَوُنْ ، لَتُرْمَيِنْ ، لَأُرْمَيَنْ ، لَنُرْمَيَنْ

الأمر المعروف	الأمر المجهول	الأمر المعروف مع النون الثقيلة	الأمر المجهول مع النون الثقيلة
لِيَرْمِ	لِيُرْمَ	لِيَرْمِيَنَّ	لِيُرْمَيَنَّ
لِيَرْمِيَا	لِيُرْمَيَا	لِيَرْمِيَانِّ	لِيُرْمَيَانِّ
لِيَرْمُوْ	لِيُرْمَوْ	لِيَرْمُنَّ	لِيُرْمَوُنَّ
لِتَرْمِ	لِتُرْمَ	لِتَرْمِيَنَّ	لِتُرْمَيَنَّ
لِتَرْمِيَا	لِتُرْمَيَا	لِتَرْمِيَانِّ	لِتُرْمَيَانِّ
لِيَرْمِيْنَ	لِيُرْمَيْنَ	لِيَرْمِيْنَانِّ	لِيُرْمَيْنَانِّ
إِرْمِ	لِتُرْمَ	إِرْمِيَنَّ	لِتُرْمَيَنَّ
إِرْمِيَا	لِتُرْمَيَا	إِرْمِيَانِّ	لِتُرْمَيَانِّ
إِرْمُوْ	لِتُرْمَوْ	إِرْمُنَّ	لِتُرْمَوُنَّ
إِرْمِيْ	لِتُرْمَيْ	إِرْمِنَّ	لِتُرْمَيِنَّ
إِرْمِيَا	لِتُرْمَيَا	إِرْمِيَانِّ	لِتُرْمَيَانِّ
إِرْمِيْنَ	لِتُرْمَيْنَ	إِرْمِيْنَانِّ	لِتُرْمَيْنَانِّ
لِأَرْمِ	لِأُرْمَ	لِأَرْمِيَنَّ	لِأُرْمَيَنَّ
لِنَرْمِ	لِنُرْمَ	لِنَرْمِيَنَّ	لِنُرْمَيَنَّ

الأمر المعروف مع النون الخفيفة : لِيَرْمِيَنْ ، لِيَرْمُنْ ، لِتَرْمِيَنْ ، إِرْمِيَنْ ، إِرْمُنْ ، إِرْمِنْ ، لِأَرْمِيَنْ ، لِنَرْمِيَنْ

الأمر المجهول مع النون الخفيفة : لِيُرْمَيَنْ ، لِيُرْمُنْ ، لِتُرْمَيَنْ ، لِتُرْمُنْ ، لِتُرْمَيِنْ ، لِأُرْمَيَنْ ، لِنُرْمَيَنْ

النهي المعروف	النهي المجهول	النهي المعروف مع النون الثقيلة	النهي المجهول مع النون الثقيلة
لاَ يَرْمِ	لاَ يُرْمَ	لاَ يَرْمِيَنَّ	لاَ يُرْمَيَنَّ
لاَ يَرْمِيَا	لاَ يُرْمَيَا	لاَ يَرْمِيَانِّ	لاَ يُرْمَيَانِّ
لاَ يَرْمُوْ	لاَ يُرْمَوْ	لاَ يَرْمُنَّ	لاَ يُرْمَوُنَّ
لاَ تَرْمِ	لاَ تُرْمَ	لاَ تَرْمِيَنَّ	لاَ تُرْمَيَنَّ
لاَ تَرْمِيَا	لاَ تُرْمَيَا	لاَ تَرْمِيَانِّ	لاَ تُرْمَيَانِّ
لاَ يَرْمِيْنَ	لاَ يُرْمَيْنَ	لاَ يَرْمِيْنَانِّ	لاَ يُرْمَيْنَانِّ
لاَ تَرْمِ	لاَ تُرْمَ	لاَ تَرْمِنَّ	لاَ تُرْمَيَنَّ
لاَ تَرْمِيَا	لاَ تُرْمَيَا	لاَ تَرْمِيَانِّ	لاَ تُرْمَيَانِّ
لاَ تَرْمُوْ	لاَ تُرْمَوْ	لاَ تَرْمُنَّ	لاَ تُرْمَوُنَّ
لاَ تَرْمِيْ	لاَ تُرْمَيْ	لاَ تَرْمِنَّ	لاَ تُرْمَيِنَّ
لاَ تَرْمِيَا	لاَ تُرْمَيَا	لاَ تَرْمِيَانِّ	لاَ تُرْمَيَانِّ
لاَ تَرْمِيْنَ	لاَ تُرْمَيْنَ	لاَ تَرْمِيْنَانِّ	لاَ تُرْمَيْنَانِّ
لاَ أَرْمِ	لاَ أُرْمَ	لاَ أَرْمِيَنَّ	لاَ أُرْمَيَنَّ
لاَ نَرْمِ	لاَ نُرْمَ	لاَ نَرْمِيَنَّ	لاَ نُرْمَيَنَّ

النهي المعروف مع النون الخفيفة : لاَ يَرْمِيَنْ ، لاَ يَرْمُنْ ، لاَ تَرْمِيَنْ ، لاَ تَرْمِيَنْ ، لاَ تَرْمُنْ ، لاَ تَرْمِنْ ، لاَ أَرْمِيَنْ ، لاَ نَرْمِيَنْ

النهي المجهول مع النون الخفيفة : لاَ يُرْمَيَنْ ، لاَ يُرْمَوُنْ ، لاَ تُرْمَيَنْ ، لاَ تُرْمَيَنْ ، لاَ تُرْمَوُنْ ، لاَ تُرْمَيِنْ ، لاَ أُرْمَيَنْ ، لاَ نُرْمَيَنْ

اسم الآلة	اسم الظرف	اسم المفعول	اسم الفاعل
مِرْمًى	مَرْمًى	مَرْمِيٌّ	رَامٍ
مِرْمَيَانِ	مَرْمَيَانِ	مَرْمِيَّانِ	رَامِيَانِ
مَرَامٍ	مَرَامٍ	مَرْمِيُّوْنَ	رَامُوْنَ
مِرْمَاةٌ		مَرْمِيَّةٌ	رَامِيَةٌ
مِرْمَاتَانِ		مَرْمِيَّتَانِ	رَامِيَتَانِ
مَرَامٍ		مَرْمِيَّاتٌ	رَامِيَاتٌ
مِرْمَاءٌ			
مِرْمَاءَانِ			
مَرَامِيُّ			

Analysis

(1) The (اسم الظرف) – (مَرْمًى) is (مفتوح العين) if the verb is (ناقص).

(2) When the word (مَرْمًى) is used with (اَلْ) or as a (مضاف), the (الف) reverts, e.g. (اَلْمَرْمٰى) , (مَرْمٰيكُمْ).

(3) Rule no. 25 applies to (مَرَامٍ) and (أَرَامٍ).

(4) Rule no. 7 has been applied to (أَرْمٰـــى) whereby the (ي) has changed to an (الف).

(5) In the broken plural (رُمًـــى), the (ي) was changed to an (الــــف) and was thereafter deleted due to (إجتمــــاع الساكنين).

(6) In the words (رَمٰـــى) and (رَمَـــوْا), the (ي) was changed to an (الف) due to rule no. 7.

(7) In the words (رَمَـــتْ) and (رَمَتَـــا), the (الـــف) was deleted due to (إجتماع الساكنين).

(8) Rule no. 10 has been applied to (رُمُوْا).

(9) Rule no. 10 has also been applied to (يَرْمِـــيْ), (تَرْمِـــيْ), (أَرْمِيْ), (نَرْمِـــيْ), (يَرْمُـــوْنَ), (تَرْمُـــوْنَ), (تَـــرْمِيْنَ). After changes were made in the singular feminine second person - (تَرْمِيْنَ) – it became like the plural feminine second person.

(10) Rule no. 7 has been applied to the passive tense verbs like (يُرْمٰى) etc.

(11) In the word (رَامٍ), the (ي) was made sâkin and then deleted due to (إجتماع الساكنين).

(12) In the word (رَامُـــوْنَ), the harakah of the (ي) was

transferred to the preceding letter, the (ي) was changed to (و) and then deleted.

(13) Rule no. 14 has been applied to all the words of (اسم المفعول), e.g. (مَرْمِيٌّ).

ناقص واوي من باب سَمِعَ — اَلرِّضَي وَالرِّضْوَانُ

رَضِيَ يَرْضٰى رِضًي فَهُوَ رَاضٍ وَرُضِيَ يُرْضٰى رِضًي فَهُوَ مَرْضِيٌّ اَلْأَمْرُ مِنْهُ إِرْضَ وَالنَّهْيُ عَنْهُ لاَ تَرْضَ الظَّرْفُ مِنْهُ مَرْضًى مَرْضَيَان مَرَاضٍ وَالْآلَةُ مِنْهُ مِرْضًى مِرْضَيَان مَرَاضٍ مِرْضَاةٌ مِرْضَاتَان مَرَاضٍ مِرْضَاءٌ مِرْضَايَانِ مَرَاضِيٌّ وَأَفْعَلُ التَّفْضِيْلِ مِنْهُ أَرْضٰى أَرْضَيَان أَرْضَوْنَ وَ أَرَاضٍ وَالْمُؤَنَّثُ مِنْهُ رُضْيٰى رُضْيَيَانِ رُضًى وَرُضْيَيَاتٌ

Analysis

(1) The same changes as (دُعِيَ يُدْعٰى) have occurred in the active tense of this verb. The other words are affected in the same way as (دَعَا يَدْعُوْ).

(2) As an exception to the rule, the rule of (دِلِيٌّ) has been applied to the word (مَرْضِيٌّ).

ناقص يائي من باب سَمِعَ ـــ اَلْخَشْيَةُ

خَشِيَ يَخْشٰى خَشْيَةً فَهُوَ خَاشٍ وَخُشِيَ يُخْشٰى خَشْيَةً فَهُوَ مَخْشِيٌّ اَلْأَمْرُ مِنْهُ إِخْشَ وَالنَّهْيُ عَنْهُ لاَ تَخْشَ الظَّرْفُ مِنْهُ مَخْشًى مَخْشَيَان مَخَاشٍ وَالْآلَةُ مِنْهُ مِخْشًى مِخْشَيَان مَخَاشٍ مِخْشَاةٌ مِخْشَاتَان مَخَاشٍ وَ مِخْشَاءٌ مِخْشَايَان مَخَاشِيٌّ وَأَفْعَلُ التَّفْضِيلِ مِنْهُ أَخْشٰى أَخْشَيَان أَخْشَوْنَ وَ أَخَاشٍ وَالْمُؤَنَّثُ مِنْهُ خُشْيٰى خُشْيَيَان خُشًى وَخُشْيَيَاتٌ

The verbs of this category are very similar to those of (رَمٰى يَرْمِيْ).

Exercise 49

(a) List the detailed paradigms (الصـــــرف الكــــبير) of the following verbs:

(1) بَكَى يَبْكِيْ
(2) دَرٰى يَدْرِيْ
(3) بَقِيَ يَبْقٰى
(4) سَقٰى يَسْقِيْ
(5) بَغٰى يَبْغِيْ

(b) Name the word-forms (صِيَغ) of the following verbs:

(1) تَلْقٰى
(2) لَنْ تَبْنِيَ
(3) لَمْ تَكْفِيْ
(4) لَتَسْعَيْنَانِّ
(5) إِمْشُوْا

لفيف مفروق من باب ضَرَبَ ــ اَلْوِقَايَةُ

وَقٰى يَقِيْ وِقَايَةً فَهُوَ وَاقٍ وَوُقِيَ يُوْقٰى وِقَايَةً فَهُوَ مَوْقِيٌّ اَلْأَمْرُ مِنْهُ قِ وَالنَّهْيُ عَنْهُ لاَ تَقِ الظَّرْفُ مِنْهُ مَوْقًى مَوْقَيَانِ مَوَاقٍ وَالْآلَةُ مِنْهُ مِيْقًى مِيْقَيَانِ مَوَاقٍ مِيْقَاةٌ مِيْقَاتَانِ مَوَاقٍ وَ مِيْقَاءٌ مِيْقَايَانِ مَوَاقِيُّ وَأَفْعَلُ التَّفْضِيْلِ مِنْهُ أَوْقٰى أَوْقَيَانِ أَوْقَوْنَ وَ أَوَاقٍ وَالْمُؤَنَّثُ مِنْهُ وُقْيٰى وُقْيَيَانِ وُقًى وَوُقْيَيَاتٌ

In this category of verbs, the rules of (مثــــال) have been applied to the (فــاء الكلمــة) while the rules of (نـــاقص) have been applied to the (عــين الكلمــة). Most of the paradigms are similar to those of (رَمٰى يَرْمِيْ).

الماضي المعروف	الماضي المجهول	المضارع المعروف	المضارع المجهول	تأكيد النفي مع لن ، المعروف	تأكيد النفي مع لن ، المجهول
وَقٰى	وُقِيَ	يَقِيْ	يُوْقٰى	لَنْ يَقِيَ	لَنْ يُوْقٰى
وَقَيَا	وُقِيَا	يَقِيَانِ	يُوْقَيَانِ	لَنْ يَقِيَا	لَنْ يُوْقَيَا
وَقَوْا	وُقُوْا	يَقُوْنَ	يُوْقَوْنَ	لَنْ يَقُوْا	لَنْ يُوْقَوْ
وَقَتْ	وُقِيَتْ	تَقِيْ	تُوْقٰى	لَنْ تَقِيَ	لَنْ تُوْقٰى
وَقَتَا	وُقِيَتَا	تَقِيَانِ	تُوْقَيَانِ	لَنْ تَقِيَا	لَنْ تُوْقَيَا
وَقَيْنَ	وُقِيْنَ	يَقِيْنَ	يُوْقَيْنَ	لَنْ يَقِيْنَ	لَنْ يُوْقَيْنَ
وَقَيْتَ	وُقِيْتَ	تَقِيْ	تُوْقٰى	لَنْ تَقِيَ	لَنْ تُوْقٰى
وَقَيْتُمَا	وُقِيْتُمَا	تَقِيَانِ	تُوْقَيَانِ	لَنْ تَقِيَا	لَنْ تُوْقَيَا
وَقَيْتُمْ	وُقِيْتُمْ	تَقُوْنَ	تُوْقَوْنَ	لَنْ تَقُوْا	لَنْ تُوْقَوْ
وَقَيْتِ	وُقِيْتِ	تَقِيْنَ	تُوْقَيْنَ	لَنْ تَقِيْ	لَنْ تُوْقَيْ
وَقَيْتُمَا	وُقِيْتُمَا	تَقِيَانِ	تُوْقَيَانِ	لَنْ تَقِيَا	لَنْ تُوْقَيَا
وَقَيْتُنَّ	وُقِيْتُنَّ	تَقِيْنَ	تُوْقَيْنَ	لَنْ تَقِيْنَ	لَنْ تُوْقَيْنَ
وَقَيْتُ	وُقِيْتُ	أَقِيْ	أُوْقٰى	لَنْ أَقِيَ	لَنْ أُوْقٰى
وَقَيْنَا	وُقِيْنَا	نَقِيْ	نُوْقٰى	لَنْ نَقِيَ	لَنْ نُوْقٰى

النفي مع لم ، المعروف	النفي مع لم ، المجهول	المضارع المعروف مع النون الثقيلة	المضارع المجهول مع النون الثقيلة
لَمْ يَقِ	لَمْ يُوْقَ	لَيَقِيَنَّ	لَيُوْقَيَنَّ
لَمْ يَقِيَا	لَمْ يُوْقَيَا	لَيَقِيَانِّ	لَيُوْقَيَانِّ
لَمْ يَقُوْا	لَمْ يُوْقَوْا	لَيَقُنَّ	لَيُوْقَوُنَّ
لَمْ تَقِ	لَمْ تُوْقَ	لَتَقِيَنَّ	لَتُوْقَيَنَّ
لَمْ تَقِيَا	لَمْ تُوْقَيَا	لَتَقِيَانِّ	لَتُوْقَيَانِّ
لَمْ يَقِيْنَ	لَمْ يُوْقَيْنَ	لَيَقِيْنَانِّ	لَيُوْقَيْنَانِّ
لَمْ تَقِ	لَمْ تُوْقَ	لَتَقِيَنَّ	لَتُوْقَيَنَّ
لَمْ تَقِيَا	لَمْ تُوْقَيَا	لَتَقِيَانِّ	لَتُوْقَيَانِّ
لَمْ تَقُوْا	لَمْ تُوْقَوْا	لَتَقُنَّ	لَتُوْقَوُنَّ
لَمْ تَقِيْ	لَمْ تُوْقَيْ	لَتَقِنَّ	لَتُوْقَيِنَّ
لَمْ تَقِيَا	لَمْ تُوْقَيَا	لَتَقِيَانِّ	لَتُوْقَيَانِّ
لَمْ تَقِيْنَ	لَمْ تُوْقَيْنَ	لَتَقِيْنَانِّ	لَتُوْقَيْنَانِّ
لَمْ أَقِ	لَمْ أُوْقَ	لَأَقِيَنَّ	لَأُوْقَيَنَّ
لَمْ نَقِ	لَمْ نُوْقَ	لَنَقِيَنَّ	لَنُوْقَيَنَّ

المضارع المعروف مع النون الخفيفة : لَيَقِيَنْ ، لَيَقُنْ ، لَتَقِيَنْ ، لَتَقِيَنْ ، لَتَقُنْ ، لَتَقِنْ ، لَأَقِيَنْ ، لَنَقِيَنْ

المضارع المجهول مع النون الخفيفة : لَيُوْقَيَنْ ، لَيُوْقُنْ ، لَتُوْقِيَنْ ، لَتُوْقَيَنْ ، لَتُوْقُنْ ، لَتُوْقِنْ ، لَأُوْقَيَنْ ، لَنُوْقَيَنْ

الأمر المجهول مع النون الثقيلة	الأمر المعروف مع النون الثقيلة	الأمر المجهول	الأمر المعروف
لِيُوْقَيَنَّ	لِيَقِيَنَّ	لِيُوْقَ	لِيَقِ
لِيُوْقَيَانِّ	لِيَقِيَانِّ	لِيُوْقَيَا	لِيَقِيَا
لِيُوْقَوُنَّ	لِيَقُنَّ	لِيُوْقَوْا	لِيَقُوْا
لِتُوْقَيَنَّ	لِتَقِيَنَّ	لِتُوْقَ	لِتَقِ
لِتُوْقَيَانِّ	لِتَقِيَانِّ	لِتُوْقَيَا	لِتَقِيَا
لِيُوْقَيْنَانِّ	لِيَقِيْنَانِّ	لِيُوْقَيْنَ	لِيَقِيْنَ
لِتُوْقَيَنَّ	قِيَنَّ	لِتُوْقَ	قِ
لِتُوْقَيَانِّ	قِيَانِّ	لِتُوْقَيَا	قِيَا
لِتُوْقَوُنَّ	قُنَّ	لِتُوْقَوْا	قُوْ
لِتُوْقَيِنَّ	قِنَّ	لِتُوْقَيْ	قِيْ
لِتُوْقَيَانِّ	قِيَانِّ	لِتُوْقَيَا	قِيَا
لِتُوْقَيْنَانِّ	قِيْنَانِّ	لِتُوْقَيْنَ	قِيْنَ
لِأُوْقَيَنَّ	لِأَقِيَنَّ	لِأُوْقَ	لِأَقِ
لِنُوْقَيَنَّ	لِنَقِيَنَّ	لِنُوْقَ	لِنَقِ

الأمر المعروف مع النون الخفيفة : لِيَقِيَنْ ، لِيَقُنْ ، لِتَقِيَنْ ، قِيَنْ ، قُنْ ، قِنْ ، لِأَقِيَنْ ، لِنَقِيَنْ

الأمر المجهول مع النون الخفيفة : لِيُوْقَيَنْ ، لِيُوْقَوُنْ ، لِتُوْقَيَنْ ، لِتُوْقَيَنْ ، لِتُوْقَوُنْ ، لِتُوْقَيِنْ ، لِأُوْقَيَنْ ، لِنُوْقَيَنْ

النهي المعروف	النهي المجهول	النهي المعروف مع النون الثقيلة	النهي المجهول مع النون الثقيلة
لَا يَقِ	لَا يُوْقَ	لَا يَقِيَنَّ	لَا يُوْقَيَنَّ
لَا يَقِيَا	لَا يُوْقَيَا	لَا يَقِيَانِّ	لَا يُوْقَيَانِّ
لَا يَقُوْا	لَا يُوْقَوْ	لَا يَقُنَّ	لَا يُوْقَوُنَّ
لَا تَقِ	لَا تُوْقَ	لَا تَقِيَنَّ	لَا تُوْقَيَنَّ
لَا تَقِيَا	لَا تُوْقَيَا	لَا تَقِيَانِّ	لَا تُوْقَيَانِّ
لَا يَقِيْنَ	لَا يُوْقَيْنَ	لَا يَقِيْنَانِّ	لَا يُوْقَيْنَانِّ
لَا تَقِ	لَا تُوْقَ	لَا تَقِيَنَّ	لَا تُوْقَيَنَّ
لَا تَقِيَا	لَا تُوْقَيَا	لَا تَقِيَانِّ	لَا تُوْقَيَانِّ
لَا تَقُوْا	لَا تُوْقَوْا	لَا تَقُنَّ	لَا تُوْقَوُنَّ
لَا تَقِ	لَا تُوْقَيْ	لَا تَقِنَّ	لَا تُوْقَيِنَّ
لَا تَقِيَا	لَا تُوْقَيَا	لَا تَقِيَانِّ	لَا تُوْقَيَانِّ
لَا تَقِيْنَ	لَا تُوْقَيْنَ	لَا تَقِيْنَانِّ	لَا تُوْقَيْنَانِّ
لَا أَقِ	لَا أُوْقَ	لَا أَقِيَنَّ	لَا أُوْقَيَنَّ
لَا نَقِ	لَا نُوْقَ	لَا نَقِيَنَّ	لَا نُوْقَيَنَّ

النهي المعروف مع النون الخفيفة : لَا يَقِيَنْ ، لَا يَقُنْ ، لَا تَقِيَنْ ، لَا تَقِيَنْ ، لَا تَقُنْ ، لَا تَقِنْ ، لَا أَقِيَنْ ، لَا نَقِيَنْ

النهي المجهول مع النون الخفيفة : لَا يُوْقَيَنْ ، لَا يُوْقَوُنْ ، لَا تُوْقَيَنْ ، لَا تُوْقَيَنْ ، لَا تُوْقَوُنْ ، لَا تُوْقَيِنْ ، لَا أُوْقَيَنْ ، لَا نُوْقَيَنْ

اسم الآلة	اسم الظرف	اسم المفعول	اسم الفاعل
مِيْقًى	مَوْقًى	مَوْقِيٌّ	وَاقٍ
مِيْقَيَانِ	مَوْقَيَانِ	مَوْقِيَّانِ	وَاقِيَانِ
مَوَاقٍ	مَوَاقٍ	مَوْقِيُّوْنَ	وَاقُوْنَ
مِيْقَاةٌ		مَوْقِيَّةٌ	وَاقِيَةٌ
مِيْقَاتَانِ		مَوْقِيَّتَانِ	وَاقِيَتَانِ
مَوَاقٍ		مَوْقِيَّاتٌ	وَاقِيَاتٌ
مِيْقَاءٌ			
مِيْقَاءَانِ			
مَوَاقِيُّ			

Analysis

(1) The (و) of (يَقِيْ) and all the other verbs has been deleted due to the rule of (يَعِدُ).

(2) The rule of (يَرْمِيْ) has been applied to the (ي) of (يَقِيْ).

(3) The imperative (قِ) was constructed from (تَقِيْ). After

deleting the (علامـــة المضــارع), the last letter which is a (حرف العلة) was deleted. It became (قِ).

لفيف مفروق من باب حَسِبَ ـــ اَلْوِلاَيَةُ

وَلِي يَلِيْ وِلاَيَةً فَهُوَ وَالٍ وَوُلِيَ يُوْلَى وِلاَيَةً فَهُوَ مَوْلِيٌّ اَلْأَمْرُ مِنْهُ لِ وَالنَّهْيُ عَنْهُ لاَ تَلِ الظَّرْفُ مِنْهُ مَوْلًى مَوْلَيَانِ مَوَالٍ وَالْآلَةُ مِنْهُ مِيْلًى مِيْلَيَانِ مَوَالٍ مِيْلَاةٌ مِيْلَاتَانِ مَوَالٍ وَ مِيْلَاءٌ مِيْلَايَانِ مَوَالِيٌّ وَأَفْعَلُ التَّفْضِيْلِ مِنْهُ أَوْلَى أَوْلَيَانِ أَوْلَوْنَ وَ أَوَالٍ وَالْمُؤَنَّثُ مِنْهُ وُلْيَى وُلْيَيَانِ وُلًى وَوُلْيَيَاتٌ

The paradigms of this category is similar to (وَقٰى يَقِيْ).

لفيف مقرون من باب ضَرَبَ ـــ اَلطَّيُّ

طَوٰى يَطْوِيْ طَيًّا فَهُوَ طَاوٍ وَطُوِيَ يُطْوٰى طَيًّا فَهُوَ مَطْوِيٌّ اَلْأَمْرُ مِنْهُ إِطْوِ وَالنَّهْيُ عَنْهُ لاَ تَطْوِ الظَّرْفُ مِنْهُ مَطْوًى مَطْوَيَان مَطَاوٍ وَالْآلَةُ مِنْهُ مِطْوًى مِطْوَيَان مَطَاوٍ مِطْوَاةٌ مِطْوَاتَان مَطَاوٍ وَ مِطْوَاءٌ مِطْوَايَان مَطَاوِيٌّ وَأَفْعَلُ التَّفْضِيْلِ مِنْهُ أَطْوٰى أَطْوَيَان أَطْوَوْنَ وَ أَطَاوٍ وَالْمُؤَنَّثُ مِنْهُ طُوْيٰى طُوْيَيَانِ طُوًى وَطُوْيَيَاتٌ

ناقص واوي من باب إفتعال ـــ اَلْإِحْتِبَاءُ

إِحْتَبٰى يَحْتَبِيْ إِحْتِبَاءًا فَهُوَ مُحْــتَبٍ اَلْأَمْرُ مِنْهُ إِحْتَبِ وَالنَّهْيُ عَنْهُ لاَ تَحْتَبِ اَلظَّرْفُ مِنْهُ مُحْتَبًى

ناقص يائي من باب إفتعال ـــ اَلْإِجْتِبَاءُ

إِجْتَبٰى يَجْتَبِيْ إِجْتِبَاءًا فَهُوَ مُجْــتَبٍ وَأُجْتُبِيَ يُجْتَبٰى إِجْتِبَاءًا فَهُوَ مُجْتَبًى اَلْأَمْرُ مِنْهُ إِجْتَبِ وَالنَّهْيُ عَنْهُ لاَ تَجْتَبِ اَلظَّرْفُ مِنْهُ مُجْتَبًى

ناقص واوي من باب إفعال ـــ اَلْإِعْلَاءُ

أَعْلَى يُعْلِيْ إِعْلاَءًا فَهُوَ مُعْلٍ وَ أُعْلِيَ يُعْلَى إِعْلاَءًا فَهُوَ مُعْلًى اَلْأَمْرُ مِنْهُ أَعْلِ وَالنَّهْيُ عَنْهُ لاَ تُعْلِ اَلظَّرْفُ مِنْهُ مُعْلًى

ناقص واوي من باب تفعيل ـــ اَلتَّسْمِيَةُ

سَمّٰى يُسَمِّيْ تَسْمِيَةً فَهُوَ مُسَمٍّ وَ سُمِّيَ يُسَمّٰى تَسْمِيَةً فَهُوَ مُسَمًّى اَلْأَمْرُ مِنْهُ سَمِّ وَالنَّهْيُ عَنْهُ لاَ تُسَمِّ اَلظَّرْفُ مِنْهُ مُسَمًّى

ناقص يائي من باب تفعيل ــ اَلتَّلْقِيَةُ

لَقَّى يُلَقِّيْ تَلْقِيَةً فَهُوَ مُلَقٍّ وَ لُقِّيَ يُلَقَّى تَلْقِيَةً فَهُوَ مُلَقًّى اَلْأَمْرُ مِنْهُ لَقِّ
وَالنَّهْيُ عَنْهُ لاَ تُلَقِّ اَلظَّرْفُ مِنْهُ مُلَقًّى

لفيف مقرون من باب تفعيل ــ اَلتَّقْوِيَةُ

قَوَّى يُقَوِّيْ تَقْوِيَةً فَهُوَ مُقَوٍّ وَ قُوِّيَ يُقَوَّى تَقْوِيَةً فَهُوَ مُقَوًّى اَلْأَمْرُ مِنْهُ
قَوِّ وَالنَّهْيُ عَنْهُ لاَ تُقَوِّ اَلظَّرْفُ مِنْهُ مُقَوًّى

ناقص واوي من باب مفاعلة ــ اَلْمُغَالاَةُ

غَالَى يُغَالِيْ مُغَالاَةً فَهُوَ مُغَالٍ وَ غُوْلِيَ يُغَالَى مُغَالاَةً فَهُوَ مُغَالًى اَلْأَمْرُ
مِنْهُ غَالِ وَالنَّهْيُ عَنْهُ لاَ تُغَالِ اَلظَّرْفُ مِنْهُ مُغَالًى

ناقص يائي من باب مفاعلة ــ اَلْمُرَامَاةُ

رَامَى يُرَامِيْ مُرَامَاةً فَهُوَ مُرَامٍ وَ رُوْمِيَ يُرَامَى مُرَامَاةً فَهُوَ مُرَامًى اَلْأَمْرُ
مِنْهُ رَامِ وَالنَّهْيُ عَنْهُ لاَ تُرَامِ اَلظَّرْفُ مِنْهُ مُرَامًى

ناقص واوي من باب تفعّل ـــ اَلتَّعَلِّيْ

تَعَلَّى يَتَعَلَّيْ تَعَلِّيًا فَهُوَ مُتَعَلٍّ وَ تُعُلِّيَ يُتَعَلَّى تَعَلِّيًا فَهُوَ مُتَعَلًّى اَلْأَمْرُ مِنْهُ تَعَلَّ وَالنَّهْيُ عَنْهُ لاَ تَعَلَّ اَلظَّرْفُ مِنْهُ مُتَعَلًّى

The (و) of the verbal noun (مصدر) changed to (ي) due to rule no. 16. In (حالة الرفع والجر) it is deleted due to (اجتماع الساكنين).

ناقص واوي من باب تفاعُل ـــ اَلتَّعَالِيْ

تَعَالَى يَتَعَالَى تَعَالِيًا فَهُوَ مُتَعَالٍ اَلْأَمْرُ مِنْهُ تَعَالَ وَالنَّهْيُ عَنْهُ لاَ تَتَعَالَ اَلظَّرْفُ مِنْهُ مُتَعَالًى

Exercise 50

(a) List the detailed paradigms (الصـــرف الكـــبير) of the following verbs:

(1) وَفٰى يَفِيْ

(2) حَيِيَ يَحْيٰى

(3) وَنِيَ يَنٰى

(4) وَرِيَ يَرِيْ

(5) أَوْصٰى يُوْصِيْ

(b) Name the word-forms (صِيَغ) of the following verbs:

(1) نُوَدِّيْ

(2) لَنْ تُوَارِيَ

(3) لَمْ تَتَوَفَّ

(4) لَتَتَدَاوَيَنَّ

(5) إِنْزَوِيْ

Combination of (مهموز) and (معتل)

مهموز الفا وأجوف واوي من باب نصر

آلَ يَؤُوْلُ أَوْلاً فهو آئِلٌ إِيْلَ يُآلُ أَوْلاً فهو مَؤُوْلٌ الامر منه اُلْ والنهي عنه لاَتَؤُلْ

The paradigms of this verb are similar to those of (قَالَ يَقُوْلُ).

The rules of (مهموز) have to be applied to the (همزة) while the rules of (معتل) apply to the (و). Wherever there is a conflict of the two, the rules of (معتل) will be given preference. For example, (يَؤُوْلُ) was originally (يَأْوُلُ). It required the rule of (رَأْسٌ) to change the (همزة) to (الف), whereas the rules of (معتل) required the transferring of the harakah to the preceding letter. Preference was awarded to the latter.

Similarly, (أَؤُوْلُ) was originally (أَءْوُلُ). The rule of (آمَنَ) required changing the (همزة) to (الف). However, the rule of (معتل) of transferring the harakah was preferred. It became (أَؤُوْلُ). Thereafter, the second hamzah was changed to (و) due to the rule of (أَوَادِمُ). It became (أَوُوْلُ).

مهموز الفا وأجوف يائي من باب ضرب

آدَ يَئِيْدُ أَيْداً فهو آئِدٌ وَ إِيْدَ يُآدُ أَيْداً فهو مَئِيْدٌ الامر منه إِدْ والنهي عنه لاَ تَئِدْ

This (باب) is similar to (بَاعَ يَبِيْعُ). The above-mentioned rule has to be considered here as well. Consequently, in the word (يَئِيْدُ), the rule of (يَبِيْعُ) is given preference to the rule of (رَأْسٌ). The rule of (أَئِمَّةٌ) applies to (أَئِيْدُ).

مهموز الفا وناقص واوي من باب نصر

أَلاَ يَأْلُوْ أَلْوًا فهو آلٍ وَ أُلِيَ يُؤْلَى أَلْوًا فهو مَأْلُوٌّ الامر منه أُوْلُ والنهي عنه لاَ تَأْلُ

The rules of (مهموز) apply to the hamzah while the rules of (ناقص) apply to the (و).

مهموز الفا وناقص يائي من باب ضرب

أَتَى يَأْتِيْ إِتْيَانًا فهو آتٍ وَ أُتِيَ يُؤْتَى إِتْيَانًا فهو مَأْتِيٌّ الامر منه إِيْتِ والنهي عنه لاَ تَأْتِ

This paradigm is similar to (رَمٰى يَرْمِيْ).

مهموز الفا وناقص يائي من باب فتح

أَبٰى يَأْبٰى إِبَاءًا فهو آبٍ وَ أُبِيَ يُأْبٰى إِبَاءًا فهو مَأْبِيٌّ الامر منه إِيْبِ والنهي عنه لاَ تَأْبِ

مهموز الفا ولفيف مقرون من باب ضرب

أَوٰى يَأْوِيْ أَيًّا فهو آوٍ وَ أُوِيَ يُأْوٰى أَيًّا فهو مَأْوِيٌّ الامر منه إِيْوِ والنهي عنه لاَ تَأْوِ

مهموز العين ومثال من باب ضرب

وَأَدَ يَئِدُ وَأْدًا فهو وَائِدٌ وَ وُئِدَ يُوْأَدُ وَأْدًا فهو مَوْؤُوْدٌ الامر منه إِدْ والنهي عنه لاَ تَئِدْ

مهموز العين وناقص يائي من باب فتح

رَأَى يَرٰى رُؤْيَةً فهو رَاءٍ وَ رُئِيَ يُرٰى رُؤْيَةً فهو مَرْئِيٌّ الامر منه رَ والنهي عنه لاَ تَرَ الظرف منه مَرْأًى مَرْأَيَانِ مَرَاءٍ والآلة منه مِرْأًى مِرْآةٌ مِرْآءٌ مِرْأَيَانِ مَرَائِيٌّ وأفعل التفضيل منه أَرْءٰى أَرْءَيَانِ أَرَاءٍ و

أَرْأَوْنَ والمؤنث منه رُؤْىٰ رُؤْيَيَانِ رُأًى و رُؤْيَيَاتٌ

As mentioned previously, the rule of (يَسْئَلُ) is compulsory in the verbs of this (باب). Hereunder follow the detailed paradigms of this verb. Since it is a very common verb and many rules have been applied to it, it should be thoroughly learnt.

تأكيد النفي مع لن ، المجهول	تأكيد النفي مع لن ، المعروف	المضارع المجهول	المضارع المعروف	الماضي المجهول	الماضي المعروف
لَنْ يُرٰى	لَنْ يَرٰى	يُرٰى	يَرٰى	رُئِيَ	رَأى
لَنْ يُرَيَا	لَنْ يَرَيَا	يُرَيَان	يَرَيَان	رُئِيَا	رَأيَا
لَنْ يُرَوْ	لَنْ يَرَوْ	يُرَوْنَ	يَرَوْنَ	رُؤُوْا	رَأوْا
لَنْ تُرٰى	لَنْ تَرٰى	تُرٰى	تَرٰى	رُئِيَتْ	رَأتْ
لَنْ تُرَيَا	لَنْ تَرَيَا	تُرَيَان	تَرَيَان	رُئِيَتَا	رَأتَا
لَنْ يُرَيْنَ	لَنْ يَرَيْنَ	يُرَيْنَ	يَرَيْنَ	رُئِيْنَ	رَأيْنَ
لَنْ تُرٰى	لَنْ تَرٰى	تُرٰى	تَرٰى	رُئِيْتَ	رَأيْتَ
لَنْ تُرَيَا	لَنْ تَرَيَا	تُرَيَان	تَرَيَان	رُئِيْتُمَا	رَأيْتُمَا
لَنْ تُرَوْ	لَنْ تَرَوْ	تُرَوْنَ	تَرَوْنَ	رُئِيْتُمْ	رَأيْتُمْ
لَنْ تُرَيْ	لَنْ تَرَيْ	تُرَيْنَ	تَرَيْنَ	رُئِيْتِ	رَأيْتِ
لَنْ تُرَيَا	لَنْ تَرَيَا	تُرَيَان	تَرَيَان	رُئِيْتُمَا	رَأيْتُمَا
لَنْ تُرَيْنَ	لَنْ تَرَيْنَ	تُرَيْنَ	تَرَيْنَ	رُئِيْتُنَّ	رَأيْتُنَّ
لَنْ أُرٰى	لَنْ أَرٰى	أُرٰى	أَرٰى	رُئِيْتُ	رَأيْتُ
لَنْ نُرٰى	لَنْ نَرٰى	نُرٰى	نَرٰى	رُئِيْنَا	رَأيْنَا

النفي مع لم ، المعروف	النفي مع لم ، المجهول	المضارع المعروف مع النون الثقيلة	المضارع المجهول مع النون الثقيلة
لَمْ يَرَ	لَمْ يُرَ	لَيَرَيَنَّ	لَيُرَيَنَّ
لَمْ يَرَيَا	لَمْ يُرَيَا	لَيَرَيَانِّ	لَيُرَيَانِّ
لَمْ يَرَوْا	لَمْ يُرَوْ	لَيَرَوُنَّ	لَيُرَوُنَّ
لَمْ تَرَ	لَمْ تُرَ	لَتَرَيَنَّ	لَتُرَيَنَّ
لَمْ تَرَيَا	لَمْ تُرَيَا	لَتَرَيَانِّ	لَتُرَيَانِّ
لَمْ يَرَيْنَ	لَمْ يُرَيْنَ	لَيَرَيْنَانِّ	لَيُرَيْنَانِّ
لَمْ تَرَ	لَمْ تُرَ	لَتَرَيَنَّ	لَتُرَيَنَّ
لَمْ تَرَيَا	لَمْ تُرَيَا	لَتَرَيَانِّ	لَتُرَيَانِّ
لَمْ تَرَوْ	لَمْ تُرَوْ	لَتَرَوُنَّ	لَتُرَوُنَّ
لَمْ تَرَيْ	لَمْ تُرَيْ	لَتَرَيِنَّ	لَتُرَيِنَّ
لَمْ تَرَيَا	لَمْ تُرَيَا	لَتَرَيَانِّ	لَتُرَيَانِّ
لَمْ تَرَيْنَ	لَمْ تُرَيْنَ	لَتَرَيْنَانِّ	لَتُرَيْنَانِّ
لَمْ أَرَ	لَمْ أُرَ	لَأَرَيَنَّ	لَأُرَيَنَّ
لَمْ نَرَ	لَمْ نُرَ	لَنَرَيَنَّ	لَنُرَيَنَّ

المضارع المعروف مع النون الخفيفة : لَيَرَيَنْ ، لَيَرَوُنْ ، لَتَرَيَنْ ، لَتَرَيَنْ ، لَتَرَوُنْ ، لَتَرَيِنْ ، لَأَرَيَنْ ، لَنَرَيَنْ

المضارع المجهول مع النون الخفيفة : لَيُرَيَنْ ، لَيُرَوُنْ ، لَتُرَيَنْ ، لَتُرَيَنْ ، لَتُرَوُنْ ، لَتُرَيِنْ ، لَأُرَيَنْ ، لَنُرَيَنْ

الأمر المعروف	الأمر المجهول	الأمر المعروف مع النون الثقيلة	الأمر المجهول مع النون الثقيلة
لِيَرَ	لِيُرَ	لِيَرَيَنَّ	لِيُرَيَنَّ
لِيَرَيَا	لِيُرَيَا	لِيَرَيَانِّ	لِيُرَيَانِّ
لِيَرَوْا	لِيُرَوْ	لِيَرَوُنَّ	لِيُرَوُنَّ
لِتَرَ	لِتُرَ	لِتَرَيَنَّ	لِتُرَيَنَّ
لِتَرَيَا	لِتُرَيَا	لِتَرَيَانِّ	لِتُرَيَانِّ
لِيَرَيْنَ	لِيُرَيْنَ	لِيَرَيْنَانِّ	لِيُرَيْنَانِّ
رَ	لِتُرَ	رَيَنَّ	لِتُرَيَنَّ
رَيَا	لِتُرَيَا	رَيَانِّ	لِتُرَيَانِّ
رَوْ	لِتُرَوْ	رَوُنَّ	لِتُرَوُنَّ
رَيْ	لِتُرَيْ	رَيِنَّ	لِتُرَيِنَّ
رَيَا	لِتُرَيَا	رَيَانِّ	لِتُرَيَانِّ
رَيْنَ	لِتُرَيْنَ	رَيْنَانِّ	لِتُرَيْنَانِّ
لِأَرَ	لِأُرَ	لِأَرَيَنَّ	لِأُرَيَنَّ
لِنَرَ	لِنُرَ	لِنَرَيَنَّ	لِنُرَيَنَّ

الأمر المعروف مع النون الخفيفة : لِيَرَيَنْ ، لِيَرَوُنْ ، لِتَرَيَنْ ، رَيَنْ ، رَوُنْ ، رَيِنْ ، لِأَرَيَنْ ، لِنَرَيَنْ

الأمر المجهول مع النون الخفيفة : لِيُرَيَنْ ، لِيُرَوُنْ ، لِتُرَيَنْ ، لِتُرَيَنْ ، لِتُرَوُنْ ، لِتُرَيِنْ ، لِأُرَيَنْ ، لِنُرَيَنْ

النهي المعروف	النهي المجهول	النهي المعروف مع النون الثقيلة	النهي المجهول مع النون الثقيلة
لَا يَرَ	لَا يُرَ	لَا يَرَيَنَّ	لَا يُرَيَنَّ
لَا يَرَيَا	لَا يُرَيَا	لَا يَرَيَانِّ	لَا يُرَيَانِّ
لَا يَرَوْ	لَا يُرَوْ	لَا يَرَوُنَّ	لَا يُرَوُنَّ
لَا تَرَ	لَا تُرَ	لَا تَرَيَنَّ	لَا تُرَيَنَّ
لَا تَرَيَا	لَا تُرَيَا	لَا تَرَيَانِّ	لَا تُرَيَانِّ
لَا يَرَيْنَ	لَا يُرَيْنَ	لَا يَرَيْنَانِّ	لَا يُرَيْنَانِّ
لَا تَرَ	لَا تُرَ	لَا تَرَيَنَّ	لَا تُرَيَنَّ
لَا تَرَيَا	لَا تُرَيَا	لَا تَرَيَانِّ	لَا تُرَيَانِّ
لَا تَرَوْ	لَا تُرَوْ	لَا تَرَوُنَّ	لَا تُرَوُنَّ
لَا تَرَيْ	لَا تُرَيْ	لَا تَرَيِنَّ	لَا تُرَيِنَّ
لَا تَرَيَا	لَا تُرَيَا	لَا تَرَيَانِّ	لَا تُرَيَانِّ
لَا تَرَيْنَ	لَا تُرَيْنَ	لَا تَرَيْنَانِّ	لَا تُرَيْنَانِّ
لَا أَرَ	لَا أُرَ	لَا أَرَيَنَّ	لَا أُرَيَنَّ
لَا نَرَ	لَا نُرَ	لَا نَرَيَنَّ	لَا نُرَيَنَّ

النهي المعروف مع النون الخفيفة : لَا يَرَيَنْ ، لَا يَرَوُنْ ، لَا تَرَيَنْ ، لَا تَرَيَنْ ، لَا تَرَوُنْ ، لَا تَرَيِنْ ، لَا أَرَيَنْ ، لَا نَرَيَنْ

النهي المجهول مع النون الخفيفة : لَا يُرَيَنْ ، لَا يُرَوُنْ ، لَا تُرَيَنْ ، لَا تُرَيَنْ ، لَا تُرَوُنْ ، لَا تُرَيِنْ ، لَا أُرَيَنْ ، لَا نُرَيَنْ

اسم الآلة	اسم الظرف	اسم المفعول	اسم الفاعل
مِرْأًى	مَرْأًى	مَرْئِيٌّ	رَاءٍ
مِرْئَيَانِ	مَرْأَيَانِ	مَرْئِيَّانِ	رَائِيَانِ
مَرَاءٍ	مَرَاءٍ	مَرْئِيُّوْنَ	رَاؤُوْنَ
مِرْآةٌ		مَرْئِيَّةٌ	رَائِيَةٌ
مِرْآتَانِ		مَرْئِيَّتَانِ	رَائِيَتَانِ
مَرَاءٍ		مَرْئِيَّاتٌ	رَائِيَاتٌ
مِرْآءٌ			
مِرْآأنِ			
مَرَائِيٌّ			

Analysis

(1) The verb (يَرٰى) was originally (يَرْأَيُ). The rule of (يَسْئَلُ) is first applied after which the (ي) is changed to (الف) due to rule no. 7. This change applies to all the word-forms except the dual form in which only the rule of (يَسْئَلُ) applies. In the plural masculine forms and the singular second person feminine, the (الف) is deleted due to (اجتماع الساكنين).

(2) In words like (لَنْ يَرٰى), no visible change has taken place because the (الف) does not accept any harakah.

(3) The (الف) is deleted from words like (لَمْ يَرَ) because of the (لَمْ).

(4) In words like (لَيَرَيَنَّ), the (ي) reverts in place of the (الف) because the latter cannot accept a harakah. The (نون ثقيلة) requires a (فتحة) before it.

(5) In (لَيَرَوُنَّ), due to (اجتماع الساكنين) between the (و) and the (ن), and the (و) is not a (مدة). Therefore a (ضمة) is rendered to it to indicate the deletion of the (و).

(6) The imperative (رَ) is constructed from (تَرٰى). After deleting the (علامة المضارع), the (الف) is deleted from the end. It becomes (رَ).

(7) The imperative (رَيَنَّ) was originally (رَ). The (حرف العلة) which was deleted due to a (وقف) now reverts. However, the (الف) was not capable of upholding a harakah. Hence, the (ي) which changed into (الف) reverts so that it can carry the (فتحة) which the (نون ثقيلة) requires before it. It becomes (رَيَنَّ). In (رَوُنَّ) and (رَيِنَّ), the (و) and (ي) are rendered a dammah and kasrah respectively because they are not (مدة). A harakah is not permissible on a (مدة). The dammah indicates the deletion of the

(و) from the original while the kasrah indicates the deletion of a (ي).

مهموز اللام وأجوف يائي من باب ضرب

جَاءَ يَجِيْءُ مَجِيْئًا فهو جَاءٍ وَ جِيْئَ يُجَاءُ مَجِيْئًا فهو مَجِيْءٌ الامر منه جِئْ والنهي عنه لاَ تَجِئْ الظرف منه مَجِيْءٌ

(1) The remainder of the paradigm is similar to (بَاعَ يَبِيْعُ).

(2) The verb (شَاءَ يَشَاءُ) which is (مهموز اللام وأجوف يائي) can be from (باب سمع) or (باب فتح). A letter from the (حروف حلقية) is present in the (لام الكلمة). The (كسرة) of the (الفعل الماضي) is not visible. In the verbs before (شِئْنَ), the (ي) was changed to (الف). The original of the (الف) could therefore be either (ي مكسورة) or (ي مفتوحة). The question arises as to why the verbs from (شِئْنَ) till (شِئْنَا) have been rendered a kasrah. The answer to this is that if this verb is from (باب سمع), the kasrah of the (فاء الكلمة) indicates the kasrah of the (عين الكلمة). If this verb is from (باب فتح), the kasrah of the (فاء الكلمة) indicates the deleted (ي) as in (بِعْنَ).

(3) In the imperative (جِئْ) and the words affected by (جزم) like (لَمْ يَجِئْ), the hamzah can be changed to (ي). In (شَأْ) and (لَمْ يَشَأْ), the hamzah can be read as an (الف). The (حرف العلة) will however remain and not be deleted because the hamzah is a root letter. In (مهموز اللام) the (لام الكلمة) is not deleted.

(4) The hamzah of (مَجِيْئٌ) and (مَشِيْئَةٌ) cannot be changed to (ي) and then (إدغام) be applied because the (ي) is an original letter. Therefore the rule of (خطيئة) cannot be applied here as this is not a (مدة زائدة).

(5) The (ي) of (مَجَايِئُ) and similar words is not changed to a hamzah because it is a root letter. The rule of (عَجَائِزُ) only applies to a (و زائدة) or (ي زائدة).

Exercise 51

(a) List the detailed paradigms (الصرف الكبير) of the following verbs:

(1) أَبَى يَأْبَى

(2) وَأَى يَأِيْ

(3) وَطِئَ يَطَأُ

(4) أَرْأَى يُرْئِيْ

(5) أَذِيَ يَأْذَى

The Rules of (مضاعف)

Rule 1

If there are two letters of the same type (متجـــانس) or they are similar (متقـــارب) and the first is (ســـاكن), it will be assimilated into the second letter. That is, (إدغـــام) will be applied.

This rule applies whether the letters are in the same word or in two separate words.

Examples of (إدغام) in the same word

i. مَدْدٌ ⟶ مَدٌّ (Example of [متجانسين] letters, that is "د")

ii. شَدْدٌ ⟶ شَدٌّ (Example of [متجانسين] letters, that is "د")

iii. عَبَدْتُمْ ⟶ عَبَدتُّمْ (Example of [متقــــاربين] letters, that is "د" and "ت")

In the case of (متقـــاربين), the first letter is changed into the second letter before (إدغام) is applied. In the above example, (د) is changed to (ت) first, and then the two (ت)'s are assimilated. However, the (د) is still written, although not pronounced.

Examples of (إدغام) in two words

إِذْهَبْ بِّنَا ← إِذْهَبْ بِنَا

عَصَوْا وَّ كَانُوْا ← عَصَوْا وَ كَانُوْا

Exception

In two words, if the first word is a (مدّه)[1], the letters will not be assimilated, that is, (إدغام) will not be applied.

Example

فِىْ يَوْمٍ

However, if the (مدّه) is in the same word, (إدغام) will be applied.

Example

دَوِيٌّ ← دَوِيْيٌ

[1]A (مدّه) is either a (و) preceded by a (ضمّة), a (ي) preceded by a (كسرة) or a (الف) preceded by a (فتحة)

Rule 2

If two letters of the same type are (متحـــرك), and the letter preceding the first (ما قبل أوّل) is also (متحـــرك), the first letter will be made (ساكن) and then the two letters will be assimilated, that is, (إدغام) will be applied.

Example

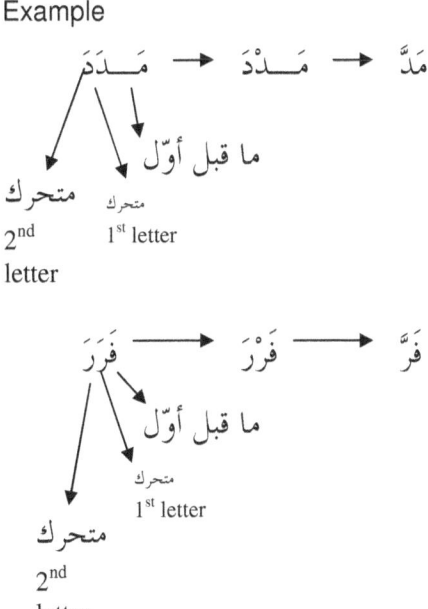

However, if a noun (إسم) has a (حركة) on the (عين الكلمـــة), the letters will not be assimilated. In this case, (إدغام) will not apply.

Example

شَرَرٌ

سُرُرٌ

Rule 3

If the letter preceding the first (ما قبــل أوّل) is (ســاكن) and not a (مدّه), the (حركة) of the first letter will be given to its preceding letter and then (إدغام) will be applied.

Example

يَمْدُدُ → يَمُدْدُ → يَمُدُّ

يَمْدُدُ: (ما قبل أوّل) preceding letter; (أوّل) first letter; (ثانى) second letter

يَفْرِرُ → يَفِرْرُ → يَفِرُّ (باب ضرب)

يَعْضَضُ → يَعَضْضُ → يَعَضُّ (باب سمع)

Exception

This rule does not apply to the words of (ملحق).

Example

جَلْبَبَ (No change is made.)

Rule 4

If the preceding letter is a (مـــدّه), without transferring the (حركـــة), the first letter will be made (ســـاكن) and both will be assimilated, that is, (إدغام) will be applied.

Examples

حَاجَجَ (فعل ماضى معروف) of (باب مفاعلة)

1st مدّه

2nd

حَاجَجَ ⟶ حَاجْجَ ⟶ حَاجَّ

مُوْدِدَ (فعل ماضى مجهول) of (باب مفاعلة)

مُوْدِدَ ⟶ مُوْدْدَ ⟶ مُوْدَّ

Rule 5

If after applying (إدغـــام), there is a (وقـــف-pause) due to (أمــــر), or there is a (جـــزم), the following are permissible in the second letter:

i. فتحة – because it is the lightest letter (أخف الحركات).

ii. كسرة – whenever any (ساكن) letter is rendered a h̲arakah, it is rendered a kasrah. The rule is (السَّاكِنُ إذا حُرِّكَ حُرِّكَ بِالْكَسْرِ).

iii. فَكُّ إدغام – (no إدغام takes place).

Example

The (صيغة أمر) of (فَرَّ يَفِرُّ) is:

فِرَّ ، فِرِّ ، إِفْرِرْ

If the preceding letter (ما قبـــل أوّل) is (مضـــموم), then (ضـــمة) is also permissible.

Example

لَمْ يَمُدِّ ، لَمْ يَمُدَّ ، لَمْ يَمُدُّ ، لَمْ يَمْدُدْ

When the final letter has (سكون), either because of a suffix, or because it is in the jussive case (حالة الجزم) or it is the imperative

(الأمر), the two letters must be written separately, e.g. (مَدَدْنَا) and (أُمْدُدْ).

When the final letter is (متحرك) – it is vowelled – the two are coalesced.[18] This does not apply to the (مصدر) – verbal noun, where the (الف) interposes between the two final letters, e.g. (إِمْدَادٌ).

Exercise 52

(1) Which rule has been applied to the word (ظَنَّ) and how?

(2) Explain the rule applied in the word (لَنْ نَّكُوْنَ).

(3) Analyse the rule applied in the word (يَسُبُّ).

(4) Apply rule no. 4 to the word (رَادَدَ).

(5) What are the different ways of reading the imperative singular form of the following words?

(1) ظَنَّ

(2) فَضَّ

(3) شَدَّ

[18] joined and made into one.

مضاعف من باب نصر

مَدَّ يَمُدُّ مَدًّا فهو مَادٌّ وَ مُدَّ يُمَدُّ مَدًّا فهو مَمْدُوْدٌ الامر منه مُدَّ مُدِّ مُدُّ أُمْدُدْ والنهي عنه لاَ تَمُدَّ لاَ تَمُدِّ لاَ تَمُدُّ لاَ تَمْدُدْ الظرف منه مَمَدٌّ مَمَدَّانِ مَمَادُّ والآلة منه مِمَدٌّ مِمَدَّانِ مَمَادُّ مِمَدَّةٌ مِمَدَّتَانِ مَمَادُّ مِمْدَادٌ مِمْدَادَانِ مَمَادِيْدُ وأفعل التفضيل منه أَمَدُّ أَمَدَّانِ أَمَدُّوْنَ و أَمَادُّ والمؤنث منه مُدّٰى مُدَّيَانِ مُدَدٌ و مُدَّيَاتٌ

Analysis

(1) Rule no. 2 has been applied to (مَدَّ).

(2) In the words (مُدَّ), (يَمُدُّ) and (يُمَدُّ), rule no. 3 has been applied.

(3) Rule no. 4 has been applied to (مَادٌّ), (مَمَادُّ) and (أَمَادُّ).

(4) In the imperative and prohibition (الأمر والنهي), rule no. 5 has been applied.

Hereunder follows the detailed paradigms of this verb.

الماضي المعروف	الماضي المجهول	المضارع المعروف	المضارع المجهول	تأكيد النفي مع لن ، المعروف	تأكيد النفي مع لن ، المجهول
مَدَّ	مُدَّ	يَمُدُّ	يُمَدُّ	لَنْ يَمُدَّ	لَنْ يُمَدَّ
مَدَّا	مُدَّا	يَمُدَّانِ	يُمَدَّانِ	لَنْ يَمُدَّا	لَنْ يُمَدَّا
مَدُّوْا	مُدُّوْا	يَمُدُّوْنَ	يُمَدُّوْنَ	لَنْ يَمُدُّوْ	لَنْ يُمَدُّوْ
مَدَّتْ	مُدَّتْ	تَمُدُّ	تُمَدُّ	لَنْ تَمُدَّ	لَنْ تُمَدَّ
مَدَّتَا	مُدَّتَا	تَمُدَّانِ	تُمَدَّانِ	لَنْ تَمُدَّا	لَنْ تُمَدَّا
مَدَدْنَ	مُدِدْنَ	يَمْدُدْنَ	يُمْدَدْنَ	لَنْ يَمْدُدْنَ	لَنْ يُمْدَدْنَ
مَدَدْتَ	مُدِدْتَ	تَمُدُّ	تُمَدُّ	لَنْ تَمُدَّ	لَنْ تُمَدَّ
مَدَدْتُمَا	مُدِدْتُمَا	تَمُدَّانِ	تُمَدَّانِ	لَنْ تَمُدَّا	لَنْ تُمَدَّا
مَدَدْتُمْ	مُدِدْتُمْ	تَمُدُّوْنَ	تُمَدُّوْنَ	لَنْ تَمُدُّوْ	لَنْ تُمَدُّوْ
مَدَدْتِ	مُدِدْتِ	تَمُدِّيْنَ	تُمَدِّيْنَ	لَنْ تَمُدِّيْ	لَنْ تُمَدِّيْ
مَدَدْتُمَا	مُدِدْتُمَا	تَمُدَّانِ	تُمَدَّانِ	لَنْ تَمُدَّا	لَنْ تُمَدَّا
مَدَدْتُنَّ	مُدِدْتُنَّ	تَمْدُدْنَ	تُمْدَدْنَ	لَنْ تَمْدُدْنَ	لَنْ تُمْدَدْنَ
مَدَدْتُ	مُدِدْتُ	أَمُدُّ	أُمَدُّ	لَنْ أَمُدَّ	لَنْ أُمَدَّ
مَدَدْنَا	مُدِدْنَا	نَمُدُّ	نُمَدُّ	لَنْ نَمُدَّ	لَنْ نُمَدَّ

النفي مع لم ، المعروف	النفي مع لم ، المجهول	المضارع المعروف مع النون الثقيلة	المضارع المجهول مع النون الثقيلة
لَمْ يَمُدَّ	لَمْ يُمَدَّ	لَيَمُدَّنَّ	لَيُمَدَّنَّ
لَمْ يَمُدَّا	لَمْ يُمَدَّا	لَيَمُدَّانِّ	لَيُمَدَّانِّ
لَمْ يَمُدُّوْ	لَمْ يُمَدُّوْ	لَيَمُدُّنَّ	لَيُمَدُّنَّ
لَمْ تَمُدَّ	لَمْ تُمَدَّ	لَتَمُدَّنَّ	لَتُمَدَّنَّ
لَمْ تَمُدَّا	لَمْ تُمَدَّا	لَتَمُدَّانِّ	لَتُمَدَّانِّ
لَمْ يَمْدُدْنَ	لَمْ يُمْدَدْنَ	لَيَمْدُدْنَانِّ	لَيُمْدَدْنَانِّ
لَمْ تَمُدَّ	لَمْ تُمَدَّ	لَتَمُدَّنَّ	لَتُمَدَّنَّ
لَمْ تَمُدَّا	لَمْ تُمَدَّا	لَتَمُدَّانِّ	لَتُمَدَّانِّ
لَمْ تَمُدُّوْ	لَمْ تُمَدُّوْ	لَتَمُدُّنَّ	لَتُمَدُّنَّ
لَمْ تَمُدِّيْ	لَمْ تُمَدِّيْ	لَتَمُدِّنَّ	لَتُمَدِّنَّ
لَمْ تَمُدَّا	لَمْ تُمَدَّا	لَتَمُدَّانِّ	لَتُمَدَّانِّ
لَمْ تَمْدُدْنَ	لَمْ تُمْدَدْنَ	لَتَمْدُدْنَانِّ	لَتُمْدَدْنَانِّ
لَمْ أَمُدَّ	لَمْ أُمَدَّ	لَأَمُدَّنَّ	لَأُمَدَنَّ
لَمْ نَمُدَّ	لَمْ نُمَدَّ	لَنَمُدَّنَّ	لَنُمَدَّنَّ

المضارع المعروف مع النون الخفيفة : لَيَمُدَّنْ ، لَيَمُدُّنْ ، لَتَمُدَّنْ ، لَتَمُدَّنْ ، لَتَمُدُّنْ ، لَتَمُدِّنْ ، لَأَمُدَّنْ ، لَنَمُدَّنْ

المضارع المجهول مع النون الخفيفة : لَيُمَدَّنْ ، لَيُمَدُّنْ ، لَتُمَدَّنْ ، لَتُمَدَّنْ ، لَتُمَدُّنْ ، لَتُمَدِّنْ ، لَأُمَدَّنْ ، لَنُمَدَّنْ

الأمر المعروف	الأمر المجهول	الأمر المعروف مع النون الثقيلة	الأمر المجهول مع النون الثقيلة
لِيَمُدَّ	لِيُمَدَّ	لِيَمُدَّنَّ	لِيُمَدَّنَّ
لِيَمُدَّا	لِيُمَدَّا	لِيَمُدَّانِّ	لِيُمَدَّانِّ
لِيَمُدُّوْ	لِيُمَدُّوْ	لِيَمُدُّنَّ	لِيُمَدُّنَّ
لِتَمُدَّ	لِتُمَدَّ	لِتَمُدَّنَّ	لِتُمَدَّنَّ
لِتَمُدَّا	لِتُمَدَّا	لِتَمُدَّانِّ	لِتُمَدَّانِّ
لِيَمْدُدْنَ	لِيُمْدَدْنَ	لِيَمْدُدْنَانِّ	لِيُمْدَدْنَانِّ
مُدَّ	لِتُمَدَّ	مُدَّنَّ	لِتُمَدَّنَّ
مُدَّا	لِتُمَدَّا	مُدَّانِّ	لِتُمَدَّانِّ
مُدُّوْ	لِتُمَدُّوْ	مُدُّنَّ	لِتُمَدُّنَّ
مُدِّيْ	لِتُمَدِّيْ	مُدِّنَّ	لِتُمَدِّنَّ
مُدَّا	لِتُمَدَّا	مُدَّانِّ	لِتُمَدَّانِّ
أُمْدُدْنَ	لِتُمْدَدْنَ	أُمْدُدْنَانِّ	لِتُمْدَدْنَانِّ
لِأَمُدَّ	لِأُمَدَّ	لِأَمُدَّنَّ	لِأُمَدَنَّ
لِنَمُدَّ	لِنُمَدَّ	لِنَمُدَّنَّ	لِنُمَدَّنَّ

الأمر المعروف مع النون الخفيفة : لِيَمُدَّنْ ، لِيَمُدُّنْ ، لِتَمُدَّنْ ، مُدَّنْ ، مُدُّنْ ، مُدِّنْ ، لِأَمُدَّنْ ، لِنَمُدَّنْ

الأمر المجهول مع النون الخفيفة : لِيُمَدَّنْ ، لِيُمَدُّنْ ، لِتُمَدَّنْ ، لِتُمَدَّنْ ، لِتُمَدُّنْ ، لِتُمَدِّنْ ، لِأُمَدَّنْ ، لِنُمَدَّنْ

النهي المعروف	النهي المجهول	النهي المعروف مع النون الثقيلة	النهي المجهول مع النون الثقيلة
لاَ يَمُدَّ	لاَ يُمَدَّ	لاَ يَمُدَّنَّ	لاَ يُمَدَّنَّ
لاَ يَمُدَّا	لاَ يُمَدَّا	لاَ يَمُدَّانِّ	لاَ يُمَدَّانِّ
لاَ يَمُدُّوْ	لاَ يُمَدُّوْ	لاَ يَمُدُّنَّ	لاَ يُمَدُّنَّ
لاَ تَمُدَّ	لاَ تُمَدَّ	لاَ تَمُدَّنَّ	لاَ تُمَدَّنَّ
لاَ تَمُدَّا	لاَ تُمَدَّا	لاَ تَمُدَّانِّ	لاَ تُمَدَّانِّ
لاَ يَمْدُدْنَ	لاَ يُمْدَدْنَ	لاَ يَمْدُدْنَانِّ	لاَ يُمْدَدْنَانِّ
لاَ تَمُدَّ	لاَ تُمَدَّ	لاَ تَمُدَّنَّ	لاَ تُمَدَّنَّ
لاَ تَمُدَّا	لاَ تُمَدَّا	لاَ تَمُدَّانِّ	لاَ تُمَدَّانِّ
لاَ تَمُدُّوْ	لاَ تُمَدُّوْ	لاَ تَمُدُّنَّ	لاَ تُمَدُّنَّ
لاَ تَمُدِّيْ	لاَ تُمَدِّيْ	لاَ تَمُدِّنَّ	لاَ تُمَدِّنَّ
لاَ تَمُدَّا	لاَ تُمَدَّا	لاَ تَمُدَّانِّ	لاَ تُمَدَّانِّ
لاَ تَمْدُدْنَ	لاَ تُمْدَدْنَ	لاَ تَمْدُدْنَانِّ	لاَ تُمْدَدْنَانِّ
لاَ أَمُدَّ	لاَ أُمَدَّ	لاَ أَمُدَّنَّ	لاَ أُمَدَنَّ
لاَ نَمُدَّ	لاَ نُمَدَّ	لاَ نَمُدَّنَّ	لاَ نُمَدَّنَّ

النهي المعروف مع النون الخفيفة : لاَ يَمُدَّنْ ، لاَ يَمُدُّنْ ، لاَ تَمُدَّنْ ، لاَ تَمُدَّنْ ، لاَ تَمُدُّنْ ، لاَ تَمُدِّنْ ، لاَ أَمُدَّنْ ، لاَ نَمُدَّنْ

النهي المجهول مع النون الخفيفة : لاَ يُمَدَّنْ ، لاَ يُمَدُّنْ ، لاَ تُمَدَّنْ ، لاَ تُمَدَّنْ ، لاَ تُمَدُّنْ ، لاَ تُمَدِّنْ ، لاَ أُمَدَّنْ ، لاَ نُمَدَّنْ

اسم الآلة	اسم الظرف	اسم المفعول	اسم الفاعل
مِمَدٌّ	مَمَدٌّ	مَمْدُوْدٌ	مَادٌّ
مِمَدَّانِ	مَمَدَّانِ	مَمْدُوْدَانِ	مَادَّانِ
مَمَادُّ	مَمَادُّ	مَمْدُوْدُوْنَ	مَادُّوْنَ
مِمَدَّةٌ		مَمْدُوْدَةٌ	مَادَّةٌ
مِمَدَّتَانِ		مَمْدُوْدَتَانِ	مَادَّتَانِ
مَمَادُّ		مَمْدُوْدَاتٌ	مَادَّاتٌ
مِمْدَادٌ			
مِمْدَادَانِ			
مَمَادِيْدُ			

Analysis

(1) From (مَدَدْنَ) till the end, no (إدغام) of the first (د) applies because the second radical is (ساكن).

(2) However, from (مَدَدْتَّ) onwards, (إدغام) applies because the (د) and (ت) are (قريب المخرج) – close in source of pronunciation.

(3) Rule no. 5 has been applied to (لَمْ يَمُدَّ) etc.

Exercise 53

(1) Conjugate the following verbs in detail:

(1) سَبَّ يَسُبُّ

(2) ظَنَّ يَظُنُّ

(3) هَبَّ يَهُبُّ

(4) لَبَّ يَلُبُّ

(5) كَبَّ يَكُبُّ

(2) What is the word-form (صيغة) of the following words:

(1) يَلُفُّوْنَ

(2) لَمْ تَصْدُدْنَ

(3) لَنْ تَذُبِّيْ

(4) لَيَشُمُّنَّ

(5) دُرَّ

مضاعف من باب ضرب

فَرَّ يَفِرُّ فِرَارًا فهو فَارٌّ الامر منه فِرَّ فِرِّ إِفْرِرْ والنهي عنه لاَ تَفِرَّ لاَ تَفِرِّ لاَ تَفْرِرْ الظرف منه مَفِرٌّ

مضاعف من باب سمع

مَسَّ يَمَسُّ مَسًّا فهو مَاسٌّ و مُسَّ يُمَسُّ مَسًّا فهو مَمْسُوسٌ الامر منه مَسَّ مَسِّ إِمْسَسْ والنهي عنه لاَ تَمَسَّ لاَ تَمَسِّ لاَ تَمْسَسْ الظرف منه مَمَسٌّ

مضاعف من باب إفتعال

إِضْطَرَّ يَضْطَرُّ إِضْطِرَارًا فهو مُضْطَرٌّ و أُضْطُرَّ يُضْطَرُّ إِضْطِرَارًا فهو مُضْطَرٌّ الامر منه إِضْطَرَّ إِضْطَرِّ إِضْطَرِرْ والنهي عنه لاَ تَضْطَرَّ لاَ تَضْطَرِّ لاَ تَضْطَرِرْ الظرف منه مُضْطَرٌّ

In this (باب), the (اسم الفاعل), (اسم المفعول) and (اسم الظرف) have become similar in form but the original of the (اسم الفاعل) was (مكسور العين) while the (اسم المفعول) and (اسم الظرف) was (مفتوح العين).

مضاعف من باب إنفعال

إِنْسَدَّ يَنْسَدُّ إِنْسِدَادًا فهو مُنْسَدٌّ الامر منه إِنْسَدَّ إِنْسَدِّ إِنْسَدِدْ والنهي عنه لاَ تَنْسَدَّ لاَ تَنْسَدِّ لاَ تَنْسَدِدْ الظرف منه مُنْسَدٌّ

مضاعف من باب إستفعال

إِسْتَقَرَّ يَسْتَقِرُّ إِسْتِقْرَارًا فهو مُسْتَقِرٌّ الامر منه إِسْتَقِرَّ إِسْتَقِرِّ إِسْتَقْرِرْ والنهي عنه لاَ تَسْتَقِرَّ لاَ تَسْتَقِرِّ لاَ تَسْتَقْرِرْ الظرف منه مُسْتَقَرٌّ

مضاعف من باب إفعال

أَمَدَّ يُمِدُّ إِمْدَادًا فهو مُمِدٌّ و أُمِدَّ يُمَدُّ إِمْدَادًا فهو مُمَدٌّ الامر منه أَمِدَّ أَمِدِّ أَمْدِدْ والنهي عنه لاَ تُمِدَّ لاَ تُمِدِّ لاَ تُمْدِدْ الظرف منه مُمَدٌّ

مضاعف من باب تفعيل

جَدَّدَ يُجَدِّدُ تَجْدِيْدًا فهو مُجَدِّدٌ و جُدِّدَ يُجَدَّدُ تَجْدِيْدًا فهو مُجَدَّدٌ الامر منه جَدِّدْ والنهي عنه لاَ تُجَدِّدْ الظرف منه مُجَدَّدٌ

مضاعف من باب تفعُّل

تَخَفَّفَ يَتَخَفَّفُ تَخَفُّفًا فهو مُتَخَفِّفٌ و تُخُفِّفَ يُتَخَفَّفُ تَخَفُّفًا فهو

مُتَخَفَّفٌ الامر منه تَخَفَّفْ والنهي عنه لاَ تَتَخَفَّفْ الظرف منه
مُتَخَفَّفٌ

The rules of (إدغــــام) have not been applied in these two paradigms.

مضاعف من باب مفاعلة

حَاجَّ يُحَاجُّ مُحَاجَّةً فهو مُحَاجٌّ و حُوْجَّ يُحَاجُّ مُحَاجَّةً فهو مُحَاجٌّ
الامر منه حَاجَّ حَاجِّ حَاجِجْ والنهي عنه لاَ تُحَاجَّ لاَ تُحَاجِّ لاَ
تُحَاجِجْ الظرف منه مُحَاجٌّ

Wherever (إدغــــام) has been applied in this (بـــاب), it is due to rule no. 4.

مضاعف من باب تفاعل

تَضَادَّ يَتَضَادُّ تَضَادُدًا فهو مُتَضَادٌّ و تُضُوْدَّ يُتَضَادُّ تَضَادُدًا فهو مُتَضَادٌّ
الامر منه تَضَادَّ تَضَادِّ تَضَادَدْ والنهي عنه لاَ تَتَضَادَّ لاَ تَتَضَادِّ لاَ
تَتَضَادَدْ الظرف منه مُتَضَادٌّ

A Combination of (مضاعف), (مهموز) and (معتل)

مهموز الفا ومضاعف من باب نصر

أَمَّ يَؤُمُّ إِمَامَةً فهو آمٌّ و أُمَّ يُؤَمُّ إِمَامَةً فهو مَأْمُوْمٌ الامر منه أُمَّ أُمِّ أُمُّ أُوْمُمْ والنهي عنه لاَ تَأُمَّ لاَ تَأُمِّ لاَ تَأُمُّ لاَ تَأْمُمْ الظرف منه مَأَمٌّ

Analysis

(1) The rules of (مهموز) apply to the hamzah while the rules of (مضاعف) apply to the doubled letters (متجانسين). At the time of conflict, the rules of (مضاعف) will be given preference.

(2) In the word (يَؤُمُّ), the rule of (رَأْسٌ) was not applied. Rather the rule of (يَمُدُّ) was given preference.

(3) After applying (إدغام) to the word (أَؤُمُّ), the rule of (أَوَادِمُ) was applied whereby the hamzah changed to (و). It becomes (أَوُمُّ).

مثال ومضاعف من باب سمع

وَدَّ يَوَدُّ وُدًّا فهو وَادٌّ و وُدَّ يُودُّ وُدًّا فهو مَوْدُوْدٌ الامر منه وَدَّ وَدِّ إِيْدَدْ والنهي عنه لاَ تَوَدَّ لاَ تَوَدِّ لاَ تَوْدَدْ الظرف منه مَوَدٌّ مَوَدَّانِ مَوَادُّ والآلة منه مِوَدٌّ مِوَدَّانِ مَوَادُّ مِوَدَّةٌ مِوَدَّتَانِ مَوَادُّ مِيْدَادٌ مِيْدَادَانِ مَوَادِيْدُ

وأفعل التفضيل منه أَوَدُّ أَوَدَّانِ أَوَدُّوْنَ و أَوَادُّ والمؤنث منه وُدَّى وُدَّيَانِ وُدَدٌ و وُدَّيَاتٌ

Analysis

(1) The rules of (مضاعف) apply to the doubled letters (متجانسين) while the rules of (معتلّ) apply to the (و). At the time of conflict, the rules of (مضاعف) will be given preference.

(2) In the word (مَوَدُّ), the rule of (معتلّ) required the (و) to be changed to (ي) while the rule of (مضاعف) requires the transferring of the harakah of the first (د) to the (و). The latter has been given preference.

مثال ومضاعف من باب سمع

إِيْتَمَّ يَأْتَمُّ إِيْتِمَامًا فهو مُؤْتَمٌّ و أُوْتُمَّ يُؤْتَمُّ إِيْتِمَامًا فهو مُؤْتَمٌّ الامر منه إِيْتَمَّ إِيْتَمِّ إِيْتَمِمْ والنهي عنه لاَ تَأْتَمَّ لاَ تَأْتَمِّ لاَ تَأْتَمِمْ الظرف منه مُؤْتَمٌّ

If there is a (نون ساكن) in one word followed any of the letters of (يرملون) in another word, (إدغام) will be applied to the (نون ساكن).

Examples

(رَءُوْفٌ رَّحِيْمٌ), (مَنْ يَّرْغَبُ), (لَدُنَّا), (مِنْ رَّبِّكَ) and

(صَالِحًا مِّنْ ذَكَرٍ). (The tanwīn is a nūn sākin in reality).

If the letters are in one word, (إدغـــام) will not apply, e.g.

(صِنْوَانٌ), (دُنْيَا).

The (ل) of the definite article (ال) becomes assimilated in

the (حروف شمسية), e.g. (وَالشَّمْسِ).

The (حروف شمسية) are:

(ت ث د ذ ر ز س ش ص ض ط ظ ل ن)

It is not assimilated in the remaining letters of the

alphabet, e.g. (وَالْقَمَرِ)

The remaining letters are called (حروف قمرية).

Exercise 54

(1) Conjugate the following verbs in detail:

(1) عَضَّ يَعَضُّ

(2) ظَلَّ يَظَلُّ

(3) إِظَّنَّ

(4) إِحْوَوَّى

(5) قَرَّرَ

Special Meanings of Each (باب)

خاصيات الأبواب

The (خاصية) refers to the extra meaning of a verb besides its literal meaning, e.g. (أَخْرَجَ) means to expel. The verb is transitive. Here (خاصية) refers to the latter meaning, namely that of being transitive.

The vastness of the Arabic language can be estimated from the (خاصيات) due to the fact that one verb can have so many different shades of meaning merely by using the verb in different categories (أبواب).

The (خاصية) of (باب نصر)

(مُغَالَبَةٌ) – to mention a verb after (باب مفاعلة) to show that one object overpowers another, e.g. (خَاصَمَنِيْ الرَّجُلُ فَخَصَمْتُهُ) – The man disputed with me and I overcame him in the dispute.

The (خاصية) of (باب ضرب)

The (خاصية) of this category is also (مُغَالَبَةٌ) on condition it is either (مثال), (أجوف يائي) or (ناقص يائي).

Example:

(وَاعَدَنِيْ رَشِيْدٌ فَوَعَدْتُهُ) – I and Rashīd made a mutual promise and I was predominant in the promise.

The (خاصية) of (باب سمع)

This (باب) most often has verbs which have the meaning of illnesses, grief, joy, colours, defects or physical forms, e.g. (سَقِمَ) – to become ill.

(حَزِنَ) – to be grieved.

(فَرِحَ) – to become happy.

(كَدِرَ) – to be blackish.

(عَوِرَ) – to be one-eyed.

(بَلِجَ) – to have broad eyebrows.

This (باب) is mostly intransitive.

The (خاصية) of (باب كرم)

This (باب) is always intransitive. It refers to the natural qualities of a person that are of a permanent nature or a temporary nature achieved by experience.

Examples: (حَسُنَ) – to be handsome, (قَبُحَ) – to be ugly,

(فَقُهَ) – to have understanding,

The Derived Categories

The (خاصية) of (باب افعال)

(1) (تَعْدِيَةٌ) – to make an intransitive verb transitive and if it is already transitive, to make it doubly transitive, e.g.

(نَزَلَ) – to descend, (أَنْزَلَ) – to send down;

(سَمِعَ) – to hear, (أَسْمَعَ) – to make someone hear.

(2) (تَصْيِيْرٌ) – to make the doer (فاعل) or the object (مفعول) obtain the root (مأخذ) of the verbal noun (مصدر) from which the verb is formed, e.g. (أَشْرَكْتُ النَّعْلَ) – I provided the shoe with shoelaces. The (مأخذ - root) is (شِرَاكٌ) meaning shoelaces.

(أَثْمَرَ) - to bear fruit. The (مأخذ) is (ثَمَرٌ) meaning fruit.

(3) (تَعْرِيْضٌ) – to take the object to the place of the noun (مأخذ), e.g. (أَبَعْتُهُ) – I took it to the place of selling, that is the market. The (مأخذ) is (بيع).

(4) (وِجْدَانٌ) – to find something described with the (مأخذ), e.g. (أَبْخَلْتُهُ) – I found him to be stingy; (أَكْرَمْتُهُ) - I found him to be noble; (أَحْمَدْتُهُ) – I found him to be praiseworthy.

(5) (سَلْبُ الْمَأْخَذ) – to remove the (مأخذ) from something. This is of two types:

[1] if the verb is intransitive, the (مأخذ) will be removed from the doer e.g. (أَقْسَطَ الرَّجُلُ) – the man removed oppression from himself, that is, he was just.

[2] if the verb is transitive, the (مأخذ) will be removed from the object e.g. (أَقْذَيْتُ عَيْنَ الرَّجُلِ) –I removed dirt from the eye of the man.

(6) (إِعْطَاءُ الْمَأْخَذ) – the doer gives the object the (مأخذ), e.g. (أَعْظَمْتُ الْكَلْبَ) – I gave the dog a bone.

(7) (بُلُوْغٌ) – the doer reaches the (مأخذ) or enters it, e.g. (أَصْبَحَ الرَّجُلُ) – the man reached in the morning; (أَعْرَقَ الرَّجُلُ) – the man reached Iraq.

(8) (صَيْرُوْرَةٌ) – It has three meanings:

[1] to become the possessor of the (مأخذ), e.g. (أَلْبَنَتِ الْبَقَرَةُ) – the cow became one with milk.

[2] the doer becomes the possessor of something that is described by the (مأخذ), that is, it has the quality of the (مأخذ), e.g. (أَجْرَبَ الرَّجُلُ) – the man became the owner of mangy[19] camels.

[19] A skin disease affecting hairy animals that causes an itch.

[3] the doer becomes the possessor of something in the place or time of the (مأخذ), e.g. (أَخْرَفَتِ الشَّاةُ) – the goat bore offspring in the autumn season.

(9) (إِسْتِحْقَاقٌ) – the doer becomes entitled to the (مأخذ), e.g. (أَزْوَجَتْ هِنْدٌ) – Hind was entitled to be married.

(10) (حَيْنُوْنَةٌ) – the doer reaches at the time of the (مأخذ), e.g. (أَحْصَدَ الزَّرْعُ) –the crop was ready to be harvested.

(11) (مُبَالَغَةٌ) – the meaning of the (مأخذ) is strengthened, either by making the act more final or making it more intense and wider in application, e.g. (أَثْمَرَ النَّخْلُ) – the date palm bore much fruit; (أَسْفَرَ الصُّبْحُ) – the morning became very bright.

(12) (إِبْتِدَاءٌ) – the verb is initially used from (باب إفعال). This can be of two types: either the verb is not used in its root form (مجرد), e.g. (أَرْقَلَ) - to hasten; or the verb is used in the root form but for another meaning, e.g. (أَشْفَقَ) – to fear while the root form (شَفَقَ) means to be compassionate.

(13) (مُوَافَقَةٌ) – to be synonymous with another verb, e.g. (دَجَي اللَّيْلُ وَ أَدْجَي) – both mean: the night spread.

(14) (**مُطَاوَعَةٌ**) – to mention a verb after another verb to indicate the fact that the object has accepted the effect of the doer, e.g. (بَشَّرْتُهُ فَأَبْشَرَ) – I gave him glad tidings so he became happy.

(15) (**نِسْبَةٌ**) - making a relationship of something to the (مأخذ), e.g. (أَكْفَرْتُ الرَّجُلَ) – I made a relationship of disbelief to the man.

(16) (**إِلْزَامٌ**) – to make a transitive verb intransitive, e.g. (حَمِدَ سَالِمٌ اللهَ) – Sālim praised Allâh. (أَحْمَدَ سَالِمٌ) – Sālim was praiseworthy.

The (خاصيات) of (باب تفعيل)

(1) (**تعدية**) – Example: (قَعَّدْتُ الرَّجُلَ) - I made the man sit.

(2) (**سلب**) – Example: (قَشَّرْتُ الفَاكِهَةَ) - I removed the peel of the fruit.

(3) (**تصيير**) – Example: (فَحَّي القِدْرَ) – He placed spices in the pot.

(4) (**صيرورة**) – Example: (نَوَّرَ الشَّجَرُ) – The tree bloomed.

(5) (**بلوغ**) – Example: (عَمَّقَ الطَّالِبُ فِي الْعِلْمِ) – The students reached the depths of knowledge.

(خَيَّمَ) – He came into the tent.

(6) (**مبالغة**) – This is of three types:

Intensity in the verb, e.g. (جَوَّلَ التِّلْمِيْذُ) – The student roamed a lot.

Intensity in the doer, e.g. (مَوَّتَتِ الْإِبِلُ) – Many camels died.

Intensity in the object, e.g. (غَلَّقَتِ الْأَبْوَابَ) – She locked many doors.

(7) (**نسبة**) – Example: (فَسَّقْتُ الرَّجُلَ) – I made a relationship of transgression to the man.

(8) (**إِلْبَاسٌ**) – to make something don the (مأخذ), e.g. (جَلَّلْتُ الْفَرَسَ) – I draped the horse with a horse cloth.[20]

(9) (**تَخْلِيْطٌ**) – to join the (مأخذ) to something, e.g. (ذَهَّبْتُ السَّيْفَ) – I applied gold to the sword.

(10) (**تَحْوِيْلٌ**) – to make something into the (مأخذ) or similar to the (مأخذ), e.g. (نَصَّرَ الرَّجُلَ) – He converted the man into a

[20] A cloth used to cover animals to protect them from the cold.

Christian; (خَيَّمْتُ الرِّدَاءَ) – I made the sheet like a tent.

(11) (قَصْرٌ) – to abbreviate a sentence and express it by means of a single verb, e.g. (هَلَّلَ) – to say 'Lâ ilâha illallâh'; (سَبَّحَ) - to say 'Subhānallâh'.

(12) (مُوَافَقَةٌ) – to have a similar meaning as (مجرد), (باب إفعال) and (باب تفعّل).

Examples: (تَمَّرْتُهُ وتَمَرْتُهُ) – I gave him a date.

(تَمَّرَ وأَتْمَرَ) – The date dried out.

(تَرَّسَ وتَتَرَّسَ) – He used the shield.

(13) (إبتداء) – Example: (كَلَّمْتُهُ) – I spoke to him. This meaning is new in (باب تفعيل) because the (مجرد) of the verb means to injure.

The (خاصيات) of (باب مفاعلة)

(1) (مُشَارَكَةٌ) – the relation or application of the act to another person, e.g. (كَتَبَ) – to write; (كَاتَبَ) – to write to someone, that is, to correspond.

(2) (مُوَافَقَةٌ) – to have the same meaning as (مجرد), (باب إفعال),

(باب تفاعل) and (باب تفعيل).

Examples: (سَافَرَ و سَفَرَ) – He travelled.

(بَاعَدْتُهُ وَأَبْعَدْتُهُ) – I distanced him.

(شَاتَمَ الرَّجُلَان بمعني تَشَاتَمَا) – The two men abused one another.

(ضَاعَفْتُ الشَّيْئَ وضَعَّفْتُهُ) – I doubled the thing.

(3) (تَصْيِيْرٌ) – e.g. (عَافَاكَ اللهُ أي جعلك الله ذا عافية) – May Allâh grant you well-being.

(4) (اِبْتِدَاءٌ) – e.g. (قَاسَي هَذِهِ الشِّدَّةَ) – He bore this hardship. The (مجرد) which is (قَسْوَةٌ) means to be hard-hearted.

The (خاصيات) of (باب إفتعال)

(1) (إِتِّخَاذٌ) – This is of four types.

(a) to make the (مأخذ), e.g. (إِجْتَحَرَ) – He made a hole.

(b) to hold, take or choose the (مأخذ), e.g. (إِجْتَنَبَ) – He held the side.

(c) to make the object into the (مأخذ), e.g. (إِغْتَذَي الشَّاةَ) – He made the sheep into food.

(d) to hold the object in the (مأخذ), e.g. (إِعْتَضَدَهُ) – He held it in his armpit.

(2) (**تَصَرُّفٌ**) – to attempt to achieve an act, e.g. (إِكْتَسَبَ) – He attempted to earn wealth.

(3) (**تَخْيِيْرٌ**) – to do an act for oneself, e.g. (إِكْتَالَ الشَّعِيْرَ) – He measured the barley for himself.

(4) (**مُطَاوَعَةٌ**) – Example: (غَمَمْتُهُ فَاغْتَمَّ) – I made him grieve, so he began grieving.

(5) (**مُوَافَقَةٌ**) – Examples: (إِبْتَلَجَ وبَلَجَ) – It became bright.

(أَحْتَجَزَ وأَحْجَزَ) – He entered Hijāz.

(إِرْتَدَي وتَرَدَّي) – He donned the sheet.

(إِخْتَصَمَ الرَّجُلَان وتَخَاصَمَا) – The two men disputed among themselves.

(إِيْتَجَرَ وإِسْتَأْجَرَ) – He sought a rental.

(6) (**إِبْتِدَاءٌ**) – This is of two types.

(a) there is no (مجرد), e.g. (إِبْتَامَ) – to slaughter a hungry goat.

(b) the (مجرد) has a different meaning, e.g. (إِسْتَلَمَ) – He kissed the stone, (سَلِمَ) – He was safe.

The (خاصيات) of (باب إنفعال)

(1) (**لُزُوْمٌ**) – to be intransitive, e.g. (إِنْكَسَرَ) – It broke.

(2) (**عِلاَجٌ**) – to perceive something with the senses, that is, the acts are related to the external limbs.

(3) (**مُطَاوَعَةٌ**) – Examples: (كَسَرْتُهُ فَانْكَسَرَ) – I broke it, so it broke.
(أَغْلَقْتُ الْبَابَ فَانْغَلَق) – I locked the door and so it was locked.

(4) (**مُوَافَقَةٌ**) – Example: (إِنْحَجَزَ بمعنى أَحْجَزَ) - He reached Hijâz. This meaning is seldom used.

(5) (**إِبْتِدَاءٌ**) – Example: (إِنْطَلَقَ) – He went away. (طَلَقَ) – to be cheerful.

The (خاصيات) of (باب إفعلال)

(1) (**لُزُوْمٌ**) , (**مُبَالَغَةٌ**), (**لَوْنٌ**) - colours and (**عَيْبٌ**) – defects.

Examples: (إِحْمَرَّ) – It became very red.

(إِحْوَلَّ) – He became one-eyed.

The (خاصيات) of (باب تفعّل)

(1) (**مُطَاوَعَةٌ**) – Example: (قَطَّعْتُهُ فَتَقَطَّعَ) – I cut it into pieces and so it became pieces.

(2) (**تَكَلُّفٌ**) – to think or to represent oneself to have a certain quality or status, e.g. (تَصَبَّرَ) – He represented himself as having patience.

(3) (**تَجَنُّبٌ**) – to refrain from the (مأخذ), e.g. (تَحَوَّبَ) – He refrained from sin.

(4) (**لَبْسٌ**) – to don the (مأخذ), e.g. (تَخَتَّمَ) – He wore a ring.

(5) (**تَعَمُّلٌ**) – Example: (تَدَهَّنَ) – He used the oil.

(6) (**إِتِّخَاذٌ**) – This is of four types.

(a) to make the (مأخذ), e.g. (تَخَيَّمْتُ) – I made the tent.

(b) to hold, take or choose the (مأخذ), e.g. (تَجَنَّبَ) – He held the side.

(c) To make the object into the (مأخذ), e.g. (تَوَسَّدَ الْحَجَرَ) – He used the stone as a pillow.

(d) To hold the object in the (مأخذ), e.g. (تَأَبَّطَ الصَّبِيَّ) – He held the child in his armpit.

(7) (**تَدْرِيْجٌ**) – to do an act slowly and several times. This is then of two types.

(a) It is possible to achieve the act once but the doer does it slowly, e.g. (تَجَرَّعَ) – He drank in sips.

(b) It is not generally possible to achieve the act once, e.g. (تَحَفَّظَ الْقُرْآنَ) – He memorized the Qur'ân a little at a time.

(8) (**تَحَوُّلٌ**) – to become the (مأخذ) or similar to the (مأخذ), e.g. (تَنَصَّرَ) – He became a Christian; (تَبَحَّرَ) – He became like the ocean.

(9) (**صَيْرُوْرَةٌ**) – Example: (تَمَوَّلَ) – He became wealthy.

(10) (**مُوَافَقَةٌ**) – to have the same meaning as the (مجرّد), (باب إفعال) and (باب استفعال). Examples: (تقَبَّلَ و قَبِلَ) – He accepted.

(تَهَجَّدَ وأَجْهَدَ) – He remained awake.

(تَحَوَّجَ و اسْتَحْوَجَ) – He sought a need.

(11) (**إِبْتِدَاءٌ**) – This is of two types. Either there is no (مجرد) or there is a (مجرد) but it has a different meaning.

Examples: (تَشَمَّسَ) – He stood in the sun.

(تَكَلَّمَ) – He spoke. (كَلَمَ) – to injure.

The (خاصيات) of (باب تفاعُل)

(1) (تَشَارُكٌ) – This is similar to (مشاركة) of (باب مفاعلة). However, the difference between the two is that in (باب مفاعلة), one is mentioned as the doer (فاعل) while the other is mentioned as the object (مفعول) while in (باب تفاعل), both are mentioned as doers but in reality each one is the doer as well as the object, e.g. (تَشَاتَمَ رَيْحَانُ وَ فَرْحَانُ) – Rayhân and Farhân abused each other.

(2) (تَخْيِيْلٌ) – to simulate a state or status or representing oneself to have it, e.g. (تَمَارَضَ) – He pretended to be sick.

(3) (مُطَاوَعَةٌ) – Example: (بَاعَدْتُهُ فَتَبَاعَدَ) – I distanced him so he was at a distance.

(4) (مُوَافَقَةٌ) – Examples: (تَعَالَيَ بمعني عَلاَ) – to be high; (تَيَامَنَ بمعني أَيْمَنَ) – to enter the right side.

(5) (إِبْتِدَاءٌ) – Example: (تَبَارَكَ) – Allâh is most blessed. (بَرَكَ) – The camel sat.

The (خاصيات) of (باب إستفعال)

(1) (**طَلَبٌ**) – To seek the (مأخذ), e.g. (إِسْتَغْفَرْتُ اللهَ) – I sought forgiveness from Allâh.

(2) (**إِسْتِحْقَاقٌ أو لِيَاقَةٌ**) – to be entitled to the (مأخذ), e.g. (إِسْتَرْقَعَ الثَّوْبُ) – The clothing was entitled to a patch.

(3) (**مُطَاوَعَةٌ**) – (**مُطَاوَعَةٌ**) – Example: (أَقَمْتُهُ فَاسْتَقَامَ) – I made him stand, so he stood up.

(4) (**وِجْدَانٌ**) – Example: (إِسْتَكْرَمْتُهُ) – I found him to be noble.

(5) (**حِسْبَانٌ**) – to regard something as being described by the (مأخذ), e.g. (إِسْتَحْسَنْتُهُ) – I thought him to be good.

The difference between (وِجْدَانٌ) and (حِسْبَانٌ) is that there is certainty in the former and doubt in the latter.

(6) (**تَحَوُّلٌ**) – to become the (مأخذ) or to become similar to the (مأخذ), e.g. (إِسْتَحْجَرَ الطِّيْنُ) – The mud became a stone.

(7) (**إِتِّخَاذٌ**) – Example: (إِسْتَوْطَنَ الهِنْدَ) – He made India his homeland.

(8) (**قَصْرٌ**) – to abbreviate a phrase, e.g. (إِسْتَرْجَعَ) – to say (إِنَّا لِلّهِ وَإِنَّا إِلَيْهِ رَاجِعُوْنَ).

(9) (**مُوَافَقَةُ مجرد و افعال و تفعّل و إفتعال**) – Examples: (إِسْتَقَرَّ و وقَرَّ) – to settle down, (إِسْتَجَابَ و أَجَابَ) – to reply, (إِسْتَكْبَرَ و تَكَبَّرَ) – to be arrogant, (إِسْتَعْصَمَ وإِعْتَصَمَ) – to resist a temptation.

(10) (**إِبْتِدَاءٌ**) – Example: (إِسْتَأْجَزَ عَلَي الْوِسَادَةِ) – He leaned over the pillow.

The (خاصيات) of (باب إفعيعال)

(1) (**لُزُوْمٌ**) – This verb is mostly intransitive. Sometimes it can be transitive, e.g. (إِحْلَوْلَيْتُهُ) – I regarded it as sweet.

(2) (**مُبَالَغَةٌ**) – Example: (إِعْشَوْشَبَ الْأَرْضُ) – The land became full of grass.

(3) (**مُطَاوَعَةٌ**) – Example: (ثَنَيْتُهُ فَاثْنَوْنَي) – I wrapped it so it was wrapped.

(4) (**مُوَافَقَةٌ**) – Example: (إِحْلَوْلَيْتُهُ و إِسْتَحْلَيْتُهُ) – I thought it to be sweet.

The (خاصيات) of (باب إفعيلال)

Like (باب إفعلال), this category also has the following four meaning patterns:
(لُزُوْمٌ) , (مُبَالَغَةٌ), (لَوْنٌ) and (عَيْبٌ)

Examples: (إِشْهَابَّ) – It became very white.

(إِحْوَالَّ) – He became one-eyed.

The (خاصيات) of (باب إفعوّال)

(1) (مُبَالَغَةٌ) – Example: (إِخْلَوَّذَ) – He ran very fast.

This category is (مقتضَب), that is, a word which has no (أصل) origin nor something similar to the origin.

There are two differences between (إقتضاب) and (إبتداء). It is a condition for (إقتضاب) that it must not be used in (ثلاثي مجرد). For (إبتداء), this is not a condition. Secondly, it is a condition for (إقتضاب) to be free of letters of (إلحاق) and extra letters brought for a particular meaning (حرف زائد للمعنى).

An example of a letter of (إلحاق) is the (ل) of the verb (شَمْلَلَ)

which was increased to bring this verb onto the scale of (دَحْرَجَ).

An example of a letter of (حرف زائد للمعني) is the hamzah of (أَكْرَمَ) which was added to the verb to render it transitive.

The (خاصيات) of (باب فَعْلَلَةٌ)

This category has many meaning patterns some of which are:

(1) (**قَصْرٌ**) – Example: (بَسْمَلَ) – He recited 'Bismillâh…'.

(2) (**إِلْبَاسٌ**) – Example: (**بَرْقَعْتُهُ**) – I made him don a burqa'.

(3) (**مُطَاوَعَةٌ**) – Example: (غَطْرَشَ اللَّيْلُ فَغَطْرَشَ) – The night hid his sight so it became hidden.

This category is used mostly as (صحيح) and (مضاعف) and sometimes as (مهموز), e.g. (زَلْزَلَ), (وَسْوَسَ).

The (خاصيات) of (باب تَفَعْلُلٌ)

(1) (**مُطَاوَعَةٌ**) – Example: (دَحْرَجْتُهُ فَتَدَحْرَجَ) – I rolled it so it began rolling.

(2) (**إقتضاب**) – Example: (تَهَبْرَسَ) – He walked conceitedly.

(3) (مُوَافَقَةٌ) – Example: (تَغَدْمَرَ بمعنى غَدْمَرَ) – He screamed.

The (خاصيات) of (باب إفعنلال)

(1) (لُزُوْمٌ) – Example: (إِحْرَنْجَمَ) – to gather.

(2) (مُطَاوَعَةٌ) – Example: (ثَعْجَرْتُهُ فَاثْعَنْجَرَ) – I made his blood flow and so it began flowing.

The (خاصيات) of (باب إفعلّال)

(1) (لُزُوْمٌ) – Example: (إِقْشَعَرَّ) – to shudder.

(2) (مُطَاوَعَةٌ) – Example: (طَمْأَنْتُهُ فَاطْمَأَنَّ) – I pacified him so he was calmed.

(3) (إقتضاب) – Example: (إِكْفَهَرَّ النَّجْمُ) – The star shone.

Application of the Special Meanings

Quote 1:
(اَلْحَمْدُ لِلّهِ الَّذِيْ أَعْلَى مَنْزِلَةَ الْمُؤْمِنِيْنَ) – excerpt from (أصول الشاشي)

Translation: "All praises are due to Allâh who raised the status of all the believers."

Teacher: What special meaning of (باب إفعال) is found in the verb (أَعْلَى)?

Student: The meaning of (تعدية) – to be transitive is found in this verb because the (مجرد) of this verb is (عَلاَ) which means to be high. This is intransitive. When it was taken to (باب إفعال), it became transitive, having the meaning of 'raising'.

Quote 2:
(فَإِذَا عَايَنَ الْبَيْتَ كَبَّرَ وَهَلَّلَ وَرَفَعَ يَدَيْهِ مَعَ التَّكْبِيْرِ) – excerpt from (القدوري)

Translation: "When he sees the Ka'bah, he should say 'Allâhu Akbar' and 'Lâ-ilâha illallâh'..."

Teacher: What special meaning of (باب تفعيل) is found in the verb (كَبَّرَ) and (هَلَّلَ)?

Student: The meaning of (قصر) – to abbreviate - is found in this verb.

Quote 3:

(وَإِنْ شَاءَ تَصَدَّقَ عَلَي سِتَّة مَسَاكِيْنَ) – excerpt from (القدوري)

Translation: "If he wants, he can give charity to six poor persons..."

Teacher: What special meaning of (باب تفعّل) is found in the verb (تَصَدَّقَ)?

Student: The meaning of (إبتداء) is found in this verb because the (مجرد) is (صَدَقَ) which means 'to speak the truth'.

Challenging Words

A few difficult verbs of the Holy Qur'ân and other verbs will be mentioned here because the purpose of learning morphology and syntax is to understand the meaning of the glorious Qur'ân. An explanation of these verbs generally refreshes one's knowledge of morphology.

The verbs will be written according to their pronunciation and not according to their Qur'ânic script so that the student can exercise his mind in trying to figure out the original word. In the analysis, the correct written form of the word will be provided.

فَتَّقُوْنِ

Analysis: This is the imperative (أمر) of the verb (وقي), the (صيغة) being (جمع مذكر حاضر). The original word was (فَاِتَّقُوْنِيْ), from the (باب) of (إفتعال). It was constructed from the word (تَتَّقُوْنَ) which was originally (تَتَّقِيُوْنَ). The (ضمة) of the (ي) was transferred to the preceding letter after deleting its harakah. Due to (اجتماع الساكنين), the (ي) which was then changed to (و) was deleted. Due to the entry of the (ف), the (همزة الوصل) of (إِتَّقُوْا) was deleted. The final (ن) is not (نون الإعراب) but (نون الوقاية) which enters the end of a verb between the verb and the (ي متكلم) to protect it from receiving a (كسرة). It was originally (فَاتَّقُوْنِيْ). The (ي متكلم) was deleted and the (كسرة) of the (نون الوقاية) was sufficed upon. This occurs very often. Due to a (وقف), the (كسرة) is also not pronounced. It becomes (فَاتَّقُوْنِ).

فَرْهَبُوْنِ

Analysis: This is similar to (فَـــاتَّقُوْنِ). The original word was (فَ ارْهَبُـــوْنِيْ). It is the imperative of the verb (رَهِـــبَ), the (باب) being (سمع). It is written as (فَارْهَبُوْنِ).

Most often confusion arises in verbs where (وقف) or (جزم) occurs, a (نون الوقاية) is added to the end of the word and (وقف) is made on the (نون) after deleting the (ي متكلم). The student is perplexed to find a (نون الإعراب) in spite of (وقف) or (جزم) whereas the (نون) is (نون الوقاية).

Similarly, a verb can sound confusing when the (همزة الوصل) is deleted from the middle of a sentence, especially when a student is asked to identify the verb by joining the words and reading them to him, e.g. in the verse (يَاأَيَّتُهَا النَّفْسُ الْمُطْمَئِنَّةُ ارْجِعِيْ) to read it as (تُرْجعيْ), in (يَاأَيُّهَا النَّاسُ اعْبُدُوْا), to read the verb as (سُعْبُدُوْ), in (قِيْلَ ارْجِعُوْ), to read the verb as (لَرْجِعُوْ) and in (رَبِّ ارْجِعُوْنِ), to read the verb as (بِرْجِعُوْنِ).

When (مَا) or (لَا) enter the perfect tense of those verbs having (همزة الوصل), the alifs of the (مَا) and (لَا) are also not pronounced just as the (همزة الوصل) is not pronounced. The verbs therefore sound confusing when read as (مَجْتَنَبَ), (مَنْفَطَرَ), (لَنْفَجَرَ) and (مَسْتُوْرِدَ). This confusion is intensified in (باب انفعال) because the entry of (لا) creates the word (لَنْ) while the entry of (ما) creates the word (مَنْ). The same rule applies to the word (مَحْلُوْلِيْنَ). Besides being the (جمع مذكر) of (اسم المفعول) from (حُلُوْلٌ), it can also be (جمع مؤنث غائب), the tense being (نفي الماضي مجهول ناقص) from (باب إفعيعال).

Similarly, the word (مَضْرُوْبِيْنَ) is from (باب إفعيعال).

فَدَّارَأْتُمْ

Analysis: It was originally (فَادَّارَأْتُمْ), the word-form being (جمع مذكر حاضر), the tense (الماضي المعروف المثبت). It is (مهموز

(اللام) from (باب إفّاعل). It was (اِدَّارَأْتُمْ). Due to the entry of the (ف), the (همزة الوصل) is deleted.

لَنْفَضُّوْا

Analysis: This verb is (جمع مذكر غائب), the tense being (الماضي المعروف المثبت) from (باب انفعال). The (ل) of emphasis entered the verb, thereby deleting the (همزة الوصل).

أَسْتَغْفَرْتَ

Analysis: Due to the entry of (همزة الإستفهام), the (همزة الوصل) was deleted. The original word was (إِسْتَغْفَرْتَ) from (باب إستفعال).

تَظَاهَرُوْنَ

Analysis: This was originally (تَتَظَاهَرُوْنَ). It is (جمع مذكر حاضر), the tense being (مضارع معروف). One (ت) was deleted according to the rule of (باب تفاعل).

وَلْتَأْتِ

Analysis: This is from the verb (تَـأْتِيْ), (واحـد مؤنـث غائـب), the tense being (أمـر معـروف). It is (مهمـوز الفـا وناقص يائي). Due to the (و), the (ل) became (ساكن).

After (و), it is compulsory (وجوبًـا) to make the (لام الأمـر) sâkin. The compulsion is due to excessive usage. After (ف), it is permissible to do so (جوازًا).

وَيَتَّقْه

Analysis: This verb is from (باب افتعال). It is (واحد مذكر غائب), the tense being (مضارع معروف مثبت). It was originally (يَتَّقِيْ). Due to the jussive mood (حالة الجزم), the (ي) at the end is deleted. A pronoun (ضمير) was then attached to the verb which created the scale of (فَعِلٍ) – (تَقِهِ). Therefore the (ق) became (ساكن) as the Arabs tend to make the scale of (فَعِلٌ) into (فَعْلٌ) as in (كَتِفٌ). It is pronounced (كَتْفٌ).

أَرْجِهْ

Analysis: This is the imperative (أَرْجِ) of (باب افعال), the word-form being (واحد مذكر حاضر). The pronoun was added to the end of the verb making it (أَرْجِهِ). In the Qur'ân, after this word, the words (وَأَخَاهُ) appear. Therefore the form of (فِعِلَ) – (جِهِوَ) was formed, similar to (إِبِلَ). The Arabs make the middle letter of such scales also (ساكن). Consequently, the (ه) became (ساكن). It becomes (أَرْجِهْ).

عَصَوَّ

Analysis: This verb is similar to (رَمَوْا), the word-form being (جمع مذكر غائب) of the verb (عَصَي). The tense is (الماضي المعروف). It was succeeded by a (واو حرف العطف). The rule of assimilation (ادغام) was applied. Therefore it became (عَصَوْا وَّكَانُوْا).

أَنَّمُنَّ

Analysis: The verb is (نَمُنَّ) with (أَنْ) attached to it. The word-form is (جمع متكلم) while the tense is (مضارع معروف). Because of (أَنْ) it is in the accusative case (حالة النصب). It is from (باب نصر) like (نَمُدَّ). Assimilation of both the nûns has taken place.

لُمْتُنَّنِيْ

Analysis: The verb is (لُمْتُنَّ), the word-from being (جمع مؤنث حاضر), the tense being (الماضي المعروف المثبت). It is from (باب نصر) like (قُلْتُنَّ). The (نون الوقاية) and (ي متكلم) have been attached to the end.

إِمَّا تَرَيِنَّ

Analysis: From the verb (رَآي), this is the (واحد مؤنث حاضر) word-form with the tense being (مضارع معروف مثبت). It is (مهموز العين وناقص يائي). It was originally (تَرَيْنَ). Due to the (نون ثقيلة), the (نون العراب) was deleted. The (ي), not being a (مدة), was rendered a (كسرة).

أَلَمْ تَرَ

Analysis: From the verb (تَـــرَي), this is the (واحـــد مـــذكر حاضر) word-form while the tense is (نفي المســـتقبل المعـــروف مـــع لم). A (همـــزة الاســـتفهام) and (لم) have been attached before the verb, changing it into the jussive mood (حالـــة الجزم).

قَالِيْنَ

Analysis: This is the (اسم الفاعل) of the verb (قَلَي), from the (باب ضرب). It was originally (قَالِيِيْنَ). Changes occurred in the word just as in (رَامِيْنَ).
A second possibility is that it could be the imperative of (قَالَي يُقَالِيْ) from (بـــاب مفاعلـــة), the word-form being (جمـــع مؤنث حاضر).

It could also be (واحد مؤنث حاضر) of the same (باب). A (نون الوقاية) and (ي متكلم) are attached to the end of the word. The (ي متكلم) was deleted and the (كسرة) of the (نون الوقاية) was deleted due to (وقف).

The verb is not difficult to distinguish but sometimes when a word has a similar form in another language, confusion can arise. This word means carpet in Urdu and Persian and could perhaps cause confusion.

يَهِدِّيْ

Analysis: This verb was originally (يَهْتَدِيْ) from (باب افتعال), the word-form being (واحد مذكر غائب) and the tense (مضارع معروف ناقص). The rule of (باب افتعال) has been applied to it.

يَخِصِّمُوْنَ

Analysis: From (باب افتعال), it was originally (يَخْتَصِمُوْنَ), the word-form being (جمع مذكر غائب) and the tense (مضارع معروف). The rule of (باب افتعال) has been applied to it.

وَدَّكَرَ

Analysis: It is (واحد مذكر غائب) from (باب افتعال), the tense being (الماضي المعروف). It was originally (إِذْتَكَرَ). The rule of (باب افتعال) has been applied to it.

تَدَّعُوْنَ

Analysis: From (باب افتعال), it is (جمع مذكر حاضر), the tense being (مضارع معروف). It was originally (تَدْتَعِيُوْنَ).

مُزْدَجَرٌ

Analysis: This is the verbal noun (مصدر ميمي) of (باب افتعال), originally being (مُزْتَجَرٌ). It can also be the (اسم المفعول) or (اسم الظرف).

فَمَنِضْطُرَّ

Analysis: From (باب افتعال), this is the (واحد مذكر غائب) word-form, the tense being (الماضي المجهول المضاعف). It was originally (فَمَنْ أُضْطُرَّ). The (همزة الوصل) was deleted because of the precedence of the (ف). The (نون) of the word (مَنْ) was rendered a (كسرة) according to the rule (الساكن إذا حُرِّكَ حُرِّكَ بالكسر). The (ت) of (افتعال) was changed to (ط).

مَضْطُرِرْتُمْ

Analysis: This was (مَااُضْطُرِرْتُمْ). From (باب افتعال), this is the (جمع مذكر حاضر) word-form, the tense being (الماضي المجهول المضاعف). The (همزة الوصل) was deleted because of the precedence of the (ما). The (الف) of the (ما) is not pronounced due to (اجتماع الساكنين).

فَمَسْطَاعُوْا

Analysis: It was originally (فَمَاإِسْتَطَاعُوْا). It is (جمع مذكر غائب) from the (باب استفعال), the tense being (الماضي المعروف).The (ت) of (استفعال) was deleted.

لَمْ تَسْطِعْ

Analysis: It was originally (تَسْتَطِعْ) from (باب استفعال). The (ت) of (استفعال) was deleted.

لَنَسْفَعًا

Analysis: It was originally (لَنَسْفَعَنْ) on the scale of (لَنَفْعَلَنْ) with (نون خفيفة). It is (جمع متكلم) from (باب فتح). Sometimes the (نون خفيفة) is written in the form of tanwîn.

نَبْغِ

Analysis: It was originally (نَبْغِيْ) like (نَرْمِيْ), from (بـــاب ضــرب). It is permissible to delete the (ي) from the end of a word that is (ناقص).

فَقَدْ رَأَيْتُمُوْهُمْ

Analysis: This was originally (رَأَيْتُمْ) like (فَعَلْتُمْ). When a pronoun is added to (تُمْ), an extra (و) is first added to the verb after the (م). This rule applies to (تُمْ), (هُمْ) and (كُمْ) when suffixed by a (ضمير).

Sometimes a (ي ساكنه) is suffixed to a verb that is (واحد مؤنث حاضر) when a pronoun is attached to it, e.g. the words of a hadîth, (لَوْ قَرَأْتِيْهِ لَوَجَدْتِّيْهِ).

أَنُلْزِمُكُمُوْهَا

Analysis: The verb is (نُلْزِمُ) from (باب افعال). A (همزة الاستفهام) is prefixed to the verb and the pronoun (ها) is suffixed to it. Subsequently a second pronoun (كُمْ) is attached to the verb, thereby requiring a (و) and making the (م مضموم).

مِتْنَا

Analysis: This is like the verb (خِفْنَا), the word-form being (جمع متكلم) and the tense (الماضي المعروف). The question that arises here is that the (مضارع) of this verb is used (مضموم العين) in the Qur'ân. Consequently, the (الماضي) supposed to be (مُتْنَا) like (قُلْنَا) because the word-form is (نصر ينصر). The scholars of tafsîr have answered this objection by stating that this verb is used both on the scale of (سمع يسمع) and (نصر ينصر). In the Qur'ân, the (الماضي) is used from (باب سمع) and the (مضارع) from (نصر).

فَمْبَجَسَتْ

Analysis: The verb is (فَانْبَجَسَتْ) from (باب انفعال), the word-form being (واحد مؤنث غائب) and the tense (الماضي المعروف).The (همزة الوصل) was deleted because of the precedence of the (ف). Because the (ن) is succeeded by a (ب), it is pronounced as a (م).

> دَسَّيهَا

Analysis: This verb was originally (دَسَّسَ) from (باب تفعيل).
The final doubled letter was changed to a (حرف العلة). The
Arabs often do this.

> فَظَلْتُمْ

Analysis: It was originally (فَظَلِلْتُمْ) from (باب سمع). The word-
form is (جمع مذكر حاضر) and the tense is (الماضي المعروف).
Sometimes the Arabs delete one of the doubled letters. In this
case, the first (ل) was deleted. Sometimes it is pronounced
(فَظِلْتُمْ) after transferring the harakah of the first (ل) to the (ظ).

> قَرْنَ

Analysis: According to some scholars, this verb was originally
(إِقْرَرْنَ). According to the previously mentioned rule, the first (ر)
was deleted after transferring its harakah. No need remained for
the (همزة الوصل). Therefore it was deleted. The word (قَرْنَ)
remains.

بِلّيْ

Analysis: This is the (واحد مؤنث حاضر) of (بَلَّ يَبِلُّ) from the (باب ضرب). It is (مضاعف). It was originally (إِبْلِلِيْ). The rule of assimilation applies. Similar to this is the word (دِلّيْ).

يَكُوْنَ

Analysis: First Possibility: It is the (مضارع) of (كان) in the accusative case (حالة النصب).

Second Possibility: It is (جمع مذكر غائب مضارع معروف لفيف مفروق) of (باب ضرب). It was originally (يَوْكِيُوْنَ). The rule of (يَعِدُ) first applies to delete the (و). Then the rules of (يَدْعُوْ) and (يُوْسَرُ) apply to change it to (يَكُوْنَ).

Third Possibility: It is (جمع مؤنث غائب الماضي المعروف لفيف مفروق) from (كَرُمَ). Its paradigm of the perfect tense (الماضي المعروف) is as follows:

(يَكُوَ يَكُوَا يَكُوْ يَكُوَتْ يَكُوَتَا يَكُوَنَ الخ)

وَقَالُوْا

Analysis: First Possibility: Besides the common verb (قَالُوْا) from (باب نصر), this is made up of two words (وَقَٰى) and (لُوْا). The former is (واحد مذكر غائب الماضي المعروف لفيف مفروق) from (ضرب) while the latter is (جمع مذكر حاضر الأمر المعروف لفيف مقرون) from (باب سمع).

Second Possibility: The verb is (وَقْوَلَ). It is (جمع مذكر غائب الماضي المعروف لفيف مفروق) from the (باب فعللة). It was originally (وَقْوَلُوْا). The rule of (يقول) was applied whereby the harakah of the (و) was transferred to the (ق) and the (و) was changed to (الف). It became (وَقَالُوْا).

كَاكَاكَا

Analysis: From (باب إفعنلال), this is (تثنية مذكر غائب الماضي المعروف), the verbal noun being (إِكْوِكْوَاكٌ). It was originally

(إِكْوَكْوَكَا) like (إِبْرَنْشَقَا). The rule of (يقول) was applied. The (همزة الوصل) was subsequently deleted due to the subsequent letter being (متحرك). It became (كَاكَاكَا).

مِيْنَ

Analysis: This is from the verb (وَمَي يَمِيْ) from the (باب ضرب). It is (جمع مؤنث حاضر لفيف مفروق). The paradigm of the imperative is as follows:
(مِ مِيَا مُوْا مِيْ مِيَا مِيْنَ)

نَصْرُوْ

Analysis: This is from the verb (صَرَي يَصْرُوْ). It is (جمع متكلم مضارع معروف ناقص يائي). It was originally (نَصْرُيُ). The rule of (يدعو) was applied and the (ي) was changed to (و).

دَارُوْهَا

Analysis: This is from the verb (دَرَي يَدْرِيْ). It is (جمع مذكر

(اسم الفاعل). It was originally (دَارِيُوْنَ). The rule of (يدعو) was applied and the (ي) was changed to (و). One (و) was then deleted. It became (دَارُوْنَ). When (إضافة) was applied to the pronoun (هَا), the (ن) was deleted.

رَيًّا

Analysis: From the verb (رَوَي يَرْوِي), this is the verbal noun in the singular form. It is (لفيف مقرون) from the (باب ضرب). It was originally (رَوْيًا). The (و) was changed to (ي) and assimilated. It became (رَيًّا).

سَلُوْنَا

Analysis: First Possibility: It is the imperative (أمر) of (سَأَلَ), the word-form being (جمع مذكر حاضر) with a pronoun (نَا) attached to it.

Second Possibility: It is from the verb (سَلَوَ يَسْلُوُ). It is (جمع متكلم الماضي المعروف ناقص واوي).

صَابِّيْ

Analysis: This is the imperative (أمر) of (صَابَّ), the word-form being (واحد مؤنث حاضر) of (باب مفاعلة). It was originally (صَابِبِيْ). The rule of (إدغام) was applied.

ضَارَبَّ

Analysis: From the (باب إفعلاّل), this is the (واحد مذكر غائب). It was originally (إِضْوَرَبَّ) like (إِقْشَعَرَّ).The rule of (يقول) was applied. It becomes (إِضَارَبَّ). The (همزة الوصل) is deleted. It becomes (ضَارَبَّ).

لَمَرَ

Analysis: This was (لَمْ أَرْئَيُ), from the (باب فتح). It is (واحد متكلم النفي مع لم مهموز العين وناقص يائي). The rule of (قال) was applied. Due to the (لم جازمة), the (حرف العلة) is deleted from the end. It becomes (لَمْ أَرْءَ). Subsequently, the rule of

(يقول) is applied and the hamzas are deleted. It becomes (لَمَرَ).

إِيْلَنَالَ

Analysis: From the (إفعنلال), this is (واحد مذكر غائب الماضي المعروف لفيف مفروق). It was originally (إِوْلَنْوَلَ) like (إبرنشق). The rule of (يقال) is first applied whereby the (و) changes to (الف) and then the rule of (ميعاد) to change the (و) to (ي).

أَهْإِهْ

Analysis: From the (باب فعللة), this is (واحد مذكر حاضر أمر معروف رباعي مجرد مضاعف). It is like (زَلْزِلْ).

غَيْرِ

Analysis: This is the (واحد مذكر حاضر أمر معروف رباعي مجرد لفيف مقرون) from the (باب فعللة). It was originally (تُغَيْرِيُ) like (تُدَحْرِجُ). The rule of (يدعو) was first applied, followed by deleting the (ت) when constructing the imperative (أمر). The (حرف العلة) was finally deleted from the end. It becomes (غَيْرِ).

لاَ

Analysis: From the (باب سمع), this is the (واحد مذكر حاضر أمر معروف لفيف مقرون), the verb being (لَوِيَ يَلْوَي). It was originally (إِلْوَ) like (إِخْشَ). The harakah of the (و) is transferred to the (ل) and the (و) is changed to (الف). The (همزة الوصل) is no more required. It becomes (لاَ).

إِنَّ

Analysis: From the (باب ضرب), this is the (جمع مؤنث غائب الماضي المعروف مهموز الفا وأجوف يائي), the verb being (آنَ يَإِيْنُ أَيْنًا). It was originally (إِنْنَ) like (بِعْنَ). The rule of (إدغام) is applied. It becomes (إِنَّ). The paradigm of (الماضي المعروف) is as follows:

(آنَ آنَا آنُوْا آنَتْ آنَتَا إِنَّ إِنْتَ إِنْتُمَا إِنْتُمْ إِنْتِ إِنْتُمَا إِنْتُنَّ إِنْتُ إِنَّا)

إِنَّ إِنَّ

Analysis: From the (باب ضرب), this is the (جمع متكلم المضارع المعروف مضاعف), the verb being (أَنَّ يَإِنُّ). It was originally (نَأْنِنُ) like (نَضْرِبُ). The rule of (إدغام) is applied to the (ن). It becomes (نَإِنُّ). Then (إِنْ شرطية) is inserted before the verb (إِنْ نَإِنُّ). The rule of (إدغام) is again applied because the two nûns are adjacent to each other while the final nûn becomes (منصوب). It becomes (إِنَّ إِنَّ).

ضَرَبَّ

Analysis: It is (واحد مذكر غائب الماضي المعروف رباعي مزيد مهموز العين) from (باب إِفْعِلَالّ). The verb is (إِضْأَرَبَّ) like (إِقْشَعَرَّ). The harakah of the hamzah is transferred to the preceding letter while the (همزة الوصل) is deleted. It becomes (ضَرَبَّ).

آسَمَان

Analysis: This is the (تثنية مذكر اسم التفضيل مهموز الفا) from (باب سمع). It was originally (أَءْسَمَان). The rule of (آمن) is applied and the end is read as sākin due to (وقف).

دَسَّيهَا

Analysis: This word was originally (دَسَّسَ). There were three sîns together which caused the word to become heavy in pronunciation. Therefore the third (س) was changed to (ي) which then changed to (الف). The same rule applies to the word (تَقَضَّي) which was originally (تَقَضَّضَ).

لَمْ يَتَسَنَّهْ

Analysis: This word was originally (يَتَسَنَّنُ). The third (س) was changed to (ي) which then changed to (الف) due to the rule of (قَالَ). When (لم جازمة) entered the verb, the (حرف العلة) was deleted from the end. A (ه) was added for (وقف).

جَنْدَرَا

Analysis: It is (تثنية مذكر غائب الماضي المعروف مهموز العين) from (باب إِفْعِنْلَالٌ). The verb is (إِجْئَنْدَرَا) like (إِحْرَنْجَمَا). The harakah of the hamzah is transferred to the preceding letter while the (همزة الوصل) is deleted. It becomes (جَنْدَرَا).

كُنْجِيْ

Analysis: It is (واحد مذكر غائب الماضي المجهول مهموز العين وناقص يائي) from (باب إِفْعِنْلَالٌ). The verb is (أُكْئُنْجِيَ) like (أُحْرُنْجِمَ). The harakah of the hamzah is transferred to the preceding letter while the (همزة الوصل) is deleted. Waqf is made at the end. It becomes (كُنْجِيْ).

تَالَى

Analysis: It is (واحد مذكر غائب الماضي المعروف ناقص واوي) from (باب مفاعلة). The verb was (تَالَوَ). The rule of (يُدْعَيَ) was applied to change it to (تَالَى).

دَرْيَ

Analysis: It is (واحد مذكر غائب الماضي المعروف ناقص يائي ملحق برباعي) from (باب فعللة). The verb was (دَرْيَيَ). The rule of (قال) was applied to change it to (دَرْيَ).

مُوْلِي

Analysis: It is (واحد مؤنث حاضر أمر معروف أجوف واوي) from (باب نصر). The paradigm of this verb is (مَالَ يَمُوْلُ مَوْلاً). The paradigm of the (أمر) is as follows:

(مُلْ مُوْلاَ مُوْلُوْا مُوْلِي مُوْلاَ مُلْنَ)

يَمُوْتُ

Analysis: Besides the common verb (مَاتَ يَمُوْتُ), there is a second possibility. It could be (واحد متكلم الماضي المعروف لفيف

(مفروق) from (باب كرم). The paradigm of this verb is (يَمُوَ يَيْمُوْ يَمْوًا). The paradigm of the (الماضي المعروف) is as follows:

(يَمُوَ يَمُوَا يَمُوْا يَمُوَتْ يَمُوَتَا يَمُوْنَ يَمُوْتَ يَمُوْتُمَا يَمُوْتُمْ يَمُوْتِ يَمُوْتُمَا يَمُوْتُنَّ يَمُوْتُ يَمُوْنَا)

يُهْرِيْقُ

Analysis: This is the (واحد مذكر غائب الماضي المعروف أجوف واوي) from the (باب إفعال). It was originally (يُرِيْقُ). A (ه) was added between the first and second letter against the rule (خلاف القياس).

Appendix A

Morphology or Etymology?

What is the subject of (علــم الصــرف) called in English? Is it Morphology or Etymology? Firstly, let us examine the definitions of both these terms in the light of contemporary works.

The following definition of Morphology appears in *"The Oxford Companion to the English Language"*.

"In linguistics, the study of the structure of words as opposed to syntax, the study of the arrangement of words in the higher units of phrases, clauses, and sentences. The two major branches are inflectional morphology (the study of inflections) and lexical morphology (the study of word-formation)." [21]

The following has been mentioned under the term, 'syntax':

"The ways in which components of words are combined into words are studied in morphology, and syntax and morphology together are generally regarded as the major constituents of grammar, although in one of its uses, grammar is strictly synonymous with syntax and excludes morphology."[22]

We find the following definition in *Websters Dictionary*:
"2 a: a study and description of word-formation in a language including inflection, derivation, and compounding – distinguished from syntax.
B: the system of word-forming elements and processes in

---

[21] The Oxford Companion to the English Language, p. 670, 1992.
[22] Ibid, p. 1016.

a language." [23]

Encyclopaedia Britannica has the following definition:
"In philology, morphology is that branch of grammar which examines the forms of words as well as the principles of word-formation and inflection." [24]

The following definition is found in the *World Book*:
"Morphology: the study of the formation and structure of words." [25]

As for Etymology, the following are some of the definitions one may come across:

"Etymology: Both the study of the history of words and a statement of the origin and history of a word, including changes in its form and meaning." [26]

"...that branch of linguistic science which is devoted to determining the origin of words." [27]

Websters Dictionary provides the following definition:
"The history, often including the pre-history of a linguistic form (as a word or morpheme) as shown by tracing its phonetic graphic, and semantic development since its earliest recorded occurrence in the language where it is found, by tracing the course of its transmission from one language to another by analysing it into the component parts from which it was put together, by identifying its cognates in other languages or by tracing it and its

---

[23] Websters Third New International Dictionary, vol. 2, p. 1470,.

[24] Encyclopaedia Britannica vol. 15 p. 818.

[25] World Book vol.18, p. 518, 1992.

[26] The Oxford Companion to the English Language, p. 384, 1992.

[27] Colliers Encyclopedia vol. 9 p. 378, 1971; Encyclopaedia Britannica vol. 8 p. 804.

cognates back to a common ancestral form in a recorded or assumed ancestral language.[28]

The *World Book* states:
"Etymology is the study of the origins and development of words." [29]

In *Encyclopaedia Britannica*, we find the following definition:
"...that part of linguistics which is concerned with the origin or derivation of words." [30]

The *Students Encyclopedia* states:
"... the study of the origins and history of words."[31]

The *Universal Standard Encyclopedia* has the following:
"... that branch of philology which deals with the origin and derivation of words, and with the comparison of words in different members of the same language group."[32]

Under the word, 'morphology' in *Al-Mughni-Al-Akbar*, an English to Arabic dictionary, the meaning is given as (علم الصـــرف) while under the entry 'etymology', the meaning provided is (علم الإشتقاق).[33]

In the *An-Nafees English to Arabic Dictionary*, under

---

[28] Websters Third New International Dictionary, vol. 1, p. 782.
[29] World Book, vol. 18 p. 518.
[30] Encyclopaedia Britannica, vol. 8 p. 804.
[31] Students Encyclopaedia, vol. 6 p. 456, 1970.
[32] Universal Standard Encyclopedia, vol. 8 p. 2930, 1956.
[33] Al-Mughni Al-Akbar, Hasan S. Karmi, p. 826 & p. 402, 1997.

morphology, we find the term (علــم الصـــرف) while under etymology, we find the term (علم تأصيل الكلمات).[34]

In the *Hans Wehr Dictionary of Modern Written Arabic,* under the entry (علـــم الصـــرف), we find the following: "morphology (gram.)." [35]

These definitions clearly indicate that Etymology deals with the history of words whereas Morphology deals with the subject of word-formation. Hence the most appropriate term for (علــم الصـــرف) would be Morphology and not Etymology as has been erroneously used in some books.

---

[34] An-Nafees, Madgi Wahbah, p. 868 & p. 381, 2000.

[35] Hans Wehr Dictionary of Modern Written Arabic P.513, Third Edition 1976.

Bibliography

المطلوب شرح المقصود في التصريف للإمام أبي حنيفة النعمان بن ثابت الكوفي

روح الشروح للأستاذ عيسى السيروي

إمعان الأنظار لزين الدين محمد بن بير علي محي الدين المعروف ببيركلي

أوضح المسالك إلى ألفية ابن مالك لجمال الدين عبد الله بن هشام الأنصاري

مذكرات في النحو والصرف للدكتور أحمد هاشم وجماعته

شذا العرف في فن الصرف للأستاذ أحمد الحملاوي

مراح الأرواح للشيخ أحمد بن علي بن مسعود

معجم تصريف الأفعال العربية للسفير أنطوان الدحداح

النحو والصرف للدكتور حسن شاذلي ولفيف من العلماء

علم الصيغة للمفتي عناية أحمد

تسهيل في شرح علم الصيغة للقاري محمد أصغر علي

الصرف العزيز لمولانا محمد حسن اللاهوري

عربي كا معلّم لمولانا عبد الستار خان

علم الصرف لمولانا مشتاق أحمد

كتاب الصرف للحافظ عبد الرحمن امرتسري

معارف الصرف شرح إرشاد الصرف لمولانا عبد القيوم القاسمي

OUR PUBLICATIONS

Available on Amazon

Logic for Beginners
Translation of تيسير المنطق

The Creed of Imam Tahawi
Arabic with *English* & *Farsi* translation

Sharh Al-Aqeedah An-Nasafiyyah
English Translation

Solving Tarkeeb
Translation of حَلّ تَرْكِيْب

Arabic Tutor: Arbi Ka Mu'allim
(Volumes 1, 2, 3, 4)

From the Treasures of Arabic Morphology - من كنوز الصرف

Simplified Principles of Fiqh
Translation of آسان اصول فقه

Miftah ul Qur'an
(Volumes 1, 2, 3, 4)

Masail Al Qudoori Made Easy
Question Answer Format (English)

**Seeratul Mustafa ﷺ
(Abridged): English Translation**

**The Cream of Arabic Imperative
Words With Modern Words**

The Adhan

**Fayd al-Mu'in (40 Hadith on the
Virtues of the Qur'an)**

Commentary on Fayd al-Mu'in

**The Individual Variants of the
Shatibiyyah**

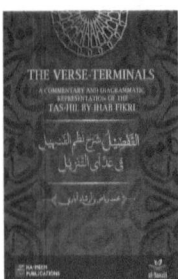

**A Commentary of the
Tas-hil by Ihab Fikri**

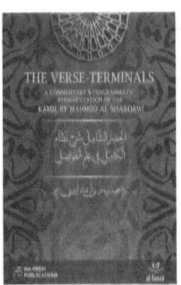

**A Commentary of the Kāmil
by Maḥmūd al-Sharqāwī**

**A Simplified Study of the
Nāṭhimat al-Zuhr**

Al-Hizbul A'zam
(Pocket Size)

Tajweed for Beginners

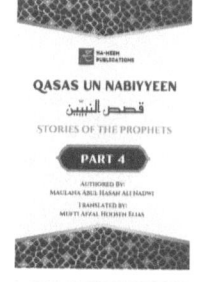

Qasas Un Nabiyyeen - Part 4
Arabic with *English* Translation

Fazail e Amaal (English)
Virtues of Actions

Fazail e Sadaqaat (English)
Virtues of Spending

**Hadhrat Mufti Mahmood Hasan
Gangohi** رحمة الله عليه

**Hadhrat Moulana Maseehullah
Khan Saahib Sherwaani**
رحمة الله عليه

**The Life and Mission of Hadhrat
Moulana Husain Ahmad Madani**
رحمة الله عليه

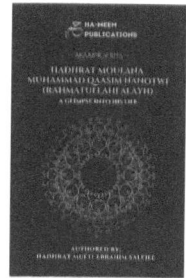

**Hadhrat Moulana Muhammad
Qaasim Nanotwi** رحمة الله عليه